THICH
NHAT
HANH

THICH NHAT HANH

Una vida en plena conciencia

Diseño de portada: José Luis Maldonado López

Título original: *Thich Nhât Hanh: Une Vie En Pleine Conscience*

© Bernard Baudouin
© Céline Chadelat
Traducción: Mariana Hernández Cruz

© Presses du Chatelet, 2016

Derechos reservados

© 2018, Editorial Planeta Mexicana, S.A. de C.V.
Bajo el sello editorial DIANA M.R.
Avenida Presidente Masarik núm. 111, Piso 2
Colonia Polanco V Sección
Delegación Miguel Hidalgo
C.P. 11560, Ciudad de México
www.planetadelibros.com.mx

Primera edición impresa en México: junio de 2018
ISBN: 978-607-07-4999-5

Impreso en los talleres de Litográfica Ingramex, S.A. de C.V.
Centeno núm. 162-1, colonia Granjas Esmeralda, Ciudad de México
Impreso y hecho en México – *Printed and made in Mexico*

Índice

Tienes una cita con tu vida en el presente.
Si pierdes esa cita,
corres el riesgo de perder también tu vida.

Thich Nhat Hanh

Prefacio 🍃
Thich Nhat Hanh, el corazón y el espíritu

Definir la personalidad de Thich Nhat Hanh es un proyecto complejo. Se necesita tener una visión clara de varios factores que determinaron la vida, labor y enseñanzas del gran maestro zen. *Thay* [maestro, en vietnamita] no separaba la actividad política y social de la práctica del zen. Supo extraer de la tradición todas las maravillas de la enseñanza de los maestros que lo precedieron y, al mismo tiempo, se rebeló contra esta tradición y le aportó profundos cambios. Comprender a Thich Nhat Hanh también es percibir detrás del hombre de acción al poeta, al artista cuya inmensa compasión supera toda visión de sus seguidores. La visión de Thay engloba y jamás separa. Lo que él llama *Mindfulness* ("conciencia plena") puede aplicarse igualmente bien tanto a las tareas más humildes y más cotidianas como a la visión política del mundo. La visión según la cual estamos profundamente relacionados con los otros seres humanos y también con la naturaleza que reemplaza continuamente al hombre en el centro de una totalidad tan vasta como compleja. Para comprender lo real, basta con escuchar con plena conciencia y desapegarse de los fanatismos, los dogmas y las creencias. A la pregunta "¿si se encontrara con Bin Laden, qué le diría?", respondió: "Lo escucharía".

Hay también en Thay, como en todos los maestros zen, un lado provocador de una fineza y una inteligencia maravillosas. Va al corazón de las cosas con una delicadeza y un rigor de aleación sorprendente. Su presencia es intensa, sutil y graciosa a la vez. No teme el contacto físico que muchos monjes evitan y recuerdo con emoción la primera vez que me tomó del brazo, fue una transmisión del silencio de un cuerpo-espíritu decente y en paz.

Reencontré a Thay en 1995; en ese entonces, dirigía una colección de textos espirituales y sentía un gran deseo por publicar su maravilloso libro sobre la vida de Buda, *Camino viejo, nubes blancas: Tras las huellas de Sidartha.* Me encontré con él en varias ocasiones durante los años siguientes, publiqué varios de sus libros, me convertí en su discípulo y participé en las semanas de la Orden del Interser en Pruniers. Escuché sus enseñanzas sorprendido por su capacidad de compresión de cualquier tema que abordaba, la totalidad del budismo en dos horas de una enseñanza intensa y generosa. Una transmisión de corazón a corazón o de espíritu a espíritu.

En Thay, el rigor jamás es seco. Siempre está imbuido de una gran humanidad, una gran dulzura, una profunda comprensión de los seres y las situaciones. Hay en él sutileza, firmeza y valor. Toda su vida, sus posturas políticas y humanitarias han tomado en cuenta a los adversarios, como si pudiera ver más allá, como si viera la posibilidad de reunir los extremos por el bien de los seres humanos y no para validar el triunfo de una política. En ocasiones, esto le valió el rechazo de los dos campos. Con increíble tenacidad mantuvo esta postura a pesar de todas las dificultades y, sobre todo, supo guiar detrás de sus pasos a cientos de miles de militantes de todos los extremos.

El mérito del libro de Céline Chadelat y Bernard Bau-douin es que presenta un panorama muy documenta-do donde las circunstancias históricas de los conflictos que circundaron Vietnam se describen con gran pre-cisión, como los conflictos ulteriores que empujaron a Thich Nhat Hanh a intervenir. Efectivamente, sin éstos es imposible comprender cómo se formó el ideal hu-manitario del joven monje. Vemos con claridad cómo se forjó la personalidad de Thay en medio del caos imperialista y las desmedidas ambiciones de diversas intervenciones francesas, japonesas y estadounidenses; cómo un hombre rodeado de algunos camaradas in-trépidos, pudo levantarse contra los sistemas salvajes y sanguinarios. Vietnam es el país más bombardeado de la historia. ¿Cómo reconstruirse sobre estas terribles secuelas, cómo salir del odio y la ignorancia? Éste es el combate de Thay y de sus camaradas, es también el combate de sus amigos como Martin Luther King Jr. No es sorprendente que Thay estuviera nominado para el Premio Nobel de la Paz; en cambio, sí es sorpren-dente que le dieran el premio a Henry Kissinger, quien entre la Navidad y el Año Nuevo de 1972 decidió, junto con Nixon, arrojar toneladas de bombas sobre Hanói y Haiphong para preparar las negociaciones de paz. Re-sultado: 600 civiles asesinados.

Céline Chadelat y Bernard Baudouin supieron mez-clar adecuadamente la descripción intimista de la perso-nalidad de Thay con su actividad social y política, pasan-do de una a otra con gran fluidez. Se trata de un logro; este libro sobre Thich Nhat Hanh tendrá autoridad du-rante mucho tiempo.

Daniel Odier
Ming Qing Sifu

Prólogo

A comienzos de septiembre, la mañana es una delicia de frescura y de sol. Bajo alegremente del autobús que me lleva al senado, en el barrio de l'Odéon; reina esa quietud de madrugada cuando París aún no se ha despertado del todo. Me preparo para asistir a una conferencia de prensa excepcional de un sabio vietnamita del que he oído elogios por su presencia y sus cualidades espirituales: Thich Nhat Hanh. La conferencia de prensa es el preámbulo de un fin de semana de meditación y de marcha de conciencia plena organizada en el barrio de la Défense bajo la guía del sabio.

También están invitados a esta conferencia un economista, un médico psiquiatra, un ecologista, expertos y conocidos en su terreno, y una senadora. Entre ellos, la silueta del maestro zen se dibuja perfectamente, derecha e inmóvil... parece estar contento de ser él mismo, atento a la sala, a los muros y a los plafones que lo reciben por algunas horas. Su túnica marrón y su rostro penetrado de delicadeza le dan el aire de pertenecer a otro espacio-tiempo.

El tono de sus palabras, como un murmullo, despierta una vulnerabilidad que había escondido en mí misma. Me doy cuenta de que escucho un poco desvalida y más bien crítica las palabras que pronuncia el maestro budista. Soy una especie de experta, porque no es la primera vez que me encuentro en presencia de un sabio de tal estatura. Siempre se produce la misma alquimia, aquí emana un perfume de dulzura y de inteligencia, de coherencia. Cuando propone que los diputados mediten un minuto antes de cada sesión parlamentaria, me doy cuenta de que Thich Nhat Hanh no es un hombre sometido a la temporalidad de la sociedad. Parece suspendido en la inhalación y exhalación de su propio aliento.

Sentada en una silla con las piernas cruzadas, con una grabadora sobre la pierna izquierda, parezco una periodista, pero en realidad no lo soy. Escucho, me callo. He aquí un ser que nos brinda la oportunidad de ser. Su presencia borra lo superfluo, como si el fuego del amor hubiera quemado todo. El informe de prensa me explica que la compasión del maestro zen engloba sin distinción a los hombres y sus violencias, las heridas que se erigen como teorías, conceptos, partidos políticos. Tantas vidas luchan y perpetúan el ciclo del sufrimiento, pues no han encontrado el conocimiento hacia el cual el maestro, sentado frente a nosotros, parece ser un camino. Él dice que los engaños de la vida pueden grabarse en piedra o convertirse en néctar. Los hombres buscan desesperadamente el amor, confunden el dinero y el éxito con el bienestar, se pierden en espejismos hipnóticos y en ilusiones. Desde mi adolescencia, he sentido este dolor de la humanidad. El maestro encarna la práctica del zen, desapego y amor, una flama que se eleva despertando la inteligencia interior. Impasible, toma tranquilamente un poco de agua con las manos juntas, sobre el estrado de una de las salas del senado. Sobre la conferencia de prensa, podría sentirme satisfecha con reportar los hechos, pero prefiero dar una oportunidad a sus palabras.

Cuando él dice que la izquierda y la derecha no pueden existir una sin la otra, da sentido y profundidad a la realidad. Thich Nhat Hanh nos expulsa de nuestra zona de confort. Su enseñanza sobre la falta de dualidad invita a ver más allá de las apariencias. Sin armas y sin violencia, demuele los paradigmas del pensamiento, las elucubraciones mentales y las ideas petrificadas. Su actividad contra la Guerra de Vietnam revela que pertenece a esas conciencias poco comunes que encuentran la fuerza de escuchar otra voz hacia todo y contra todo.

Sus palabras y sus actos no corresponden al ritmo entrecortado de los medios. No hay ruido, no hay escándalo, solamente calma, paz y serenidad...

La repercusión mediática de esta conferencia será casi nula. No importa; la delicadeza tiene un poder, otro camino se dibuja. La conciencia plena, que ya se ha experimentado desde hace mucho en Estados Unidos, es una herramienta novedosa al servicio de las sociedades que están casi sin aliento, una herramienta para las virtudes insospechadas a las que se dedica Thich Nhat Hanh desde hace decenas de años. Al salir del senado, hacia el mediodía, me siento en paz y conmovida.

El domingo, decido ir la Défense a participar en la marcha de la conciencia plena, escuchar y sentir las enseñanzas del maestro. Es imposible no estar ahí.

Será un domingo luminoso y dulce. 3 000 personas marcharán en paz entre los caminos de la Défense. En el atrio del gran arco, una monja entona un canto de letra sumamente sencilla: "Ningún lugar a dónde ir, nada qué hacer, en el presente tengo todo mi tiempo..." El público repite. ¿Canto o no canto? Ésa es la cuestión. Si canto, ¿voy a perderme, a perder una parte de mí misma?

Siendo un poco sincera, debo admitir que este canto me confronta con esa parte de mí que no sabe expresar la delicadeza *de manera gratuita*, de manera tan elemental. Además, está esa parte de nosotros mismos que tiene la idea fija de que "estas personas que están cantando son extrañas" y que esto "no es muy serio". Lo que complica aún más la cosa es que siento que mi corazón me dice que *tengo* que cantar, que tiene muchas ganas; entonces, murmuro algunas palabras. Suelto el control y enseguida me siento nutrida.

Algunos años más tarde, cuando un editor me propone colaborar en la escritura de la biografía de Thich Nhat Hanh, acepto con alegría. Estar en contacto con el maestro zen durante el proceso de escritura es un regalo del que no me puedo privar.

Céline Chadelat

Primera parte 🖋

La realidad del sufrimiento en el budismo

El regreso del monje despierto

El 2005 fue el trigésimo noveno y último año de exilio del monje zen Thich Nhat Hanh fuera de las fronteras de Vietnam. Luego de muchas tentativas infructuosas, Hanói finalmente le concedió autorización para pisar la tierra de sus ancestros por un periodo de tres meses entre el 12 de enero y el 11 de abril de 2005.

Si el exilio quería condenar al olvido al monje que partió a Estados Unidos para transmitir su mensaje de paz, los años sólo hicieron que estuviera más vivo. Regresó como un maestro despierto, con una aureola de reconocimiento.

Durante los años de separación de su tierra natal, Thich Nhat Hanh sembró infatigablemente en corazones y espíritus las semillas de la paz, gracias a la práctica de la conciencia plena. En ese tiempo, cuando la violencia se blandía a menudo como una conclusión obvia, miles de personas, de París a Nueva York, se presentaron para escuchar sus enseñanzas sobre la paz. Como maestro espiritual, su fama le valió el lugar justo detrás del Dalái Lama. Como reconocimiento de su compromiso sincero al servicio de los más frágiles, su excepcional valor, así como su determinación para abrir el amor y el respeto a todas las formas de vida, recibió prestigiosas recompensas. El presidente del Banco Mundial, Jim Yong Kim, declaró sobre sus enseñanzas que permitían "ser profundamente compasivo con quienes sufren".[1]

Monje, meditador, defensor de la paz, poeta, escritor y artista, la obra de Thich Nhat Hanh abarca todos los aspectos de la vida: basta como testimonio el lazo que lo une con su tierra querida, no hay diferencia entre el amor de los hombres y el amor de la naturaleza y de la vida.

Durante sus 39 años de exilio —que tuvieron como telón de fondo la Guerra Fría— Thich Nhat Hanh incluyó la sabiduría de la "mirada profunda", la cual le reveló que la paz no se encuentra en las declaraciones espectaculares, sino que se esconde en el fondo del corazón de los hombres y ellos necesitan revelarla; que el cambio no se impone, sino que comienza en uno mismo; que en los mayores conflictos operan fuerzas que suelen sobrepasar a los hombres y, como último recurso, les toca a ellos, en las profundidades de su ser, elegir la manera de participar en el juego de la vida y ponerse en acción. Al sabio le corresponde indicar la dirección con humildad.

Más allá de las fronteras de su tierra natal, Thich Nhat Hanh consagró su vida (gracias a la fuerza de la conciencia plena) a buscar la paz en un mundo que se debatía

---

[1] "Deeply passionate and compassionate toward those who are suffering", Jo Confino, "Thich Nhât Hanh: is mindfulness being corrupted by business and finance?", *The Guardian*, 18 de marzo de 2014.

en las agonías del océano del *samsara*[2] y sus ataques de cólera, odio y sufrimiento. Enseñó la conciencia plena al mismo tiempo que ésta era su maestra. ¿Qué es la conciencia plena? "Es la energía de ser consciente de lo que pasa en el momento presente. Cuando uno está plenamente presente, está plenamente vivo. Es una manera de vivir profundamente cada instante de nuestra vida cotidiana. Esta energía nos protege y aclara todas nuestras actividades. La conciencia plena es la capacidad de reconocer las cosas tal y como son",[3] dijo.

Los estigmas

Los decenios de exilio no borraron de la memoria de Vietnam a su monje carismático, de rasgos armoniosos, gestos llenos de dulzura y palabra tranquilizadora. La comunidad budista esperaba con fervor contenido la llegada de "Thay". Thay es un diminutivo de afecto y de respeto que significa "maestro" en vietnamita, y en general se dedica a quienes visten el hábito de monje, y que reciben el nombre de *bhikshus*.[4] La comunidad, entre la que se encuentran numerosos jóvenes, esperaba la visita del monje zen. El país vive, en efecto, una libertad religiosa extremadamente restringida.

En 2005, 40 años después del fin del conflicto que opuso a su país con Estados Unidos, la tierra de Vietnam aún tiene las secuelas de sus divisiones. La Iglesia Bu-

---

[2] El ciclo de las existencias condicionadas, marcadas con el sello del sufrimiento, la ilusión y la impermanencia.

[3] *L'Art du pouvoir*, Guy Trédaniel, 2009.

[4] *Bhikshu*: término sánscrito que designa a un monje budista o hindú.

dista Unificada de Vietnam, fundada por Thay, ya no se tolera. Algunos de sus dirigentes están presos desde hace más de 20 años. Oficialmente, el Partido Comunista Vietnamita prohibió la práctica del budismo fuera del marco autorizado. El pueblo no puede frecuentar los templos, practicar los rituales o quemar inciensos.

Con la autorización de la visita de un monje zen tan popular, el poder sabe que presenta una carta importante a los ojos del mundo. El gobierno vietnamita presentó la autorización de que Thay regresara a su país después de un exilio tan largo como una política de apertura. Efectivamente, el gobierno necesitaba asentar su economía, pero la clasificación de Vietnam en la categoría de "países que violan las libertades religiosas" le prohibía integrarse a la Organización Mundial del Comercio (OMC).[5]

El templo de Hué

Aprovechando en su totalidad la duración del permiso gubernamental, Thich Nhat Hanh emprendió su travesía acompañado por una centena de religiosos y 90 laicos de la Orden del Interser, y en ocasión de sus discursos y retiros encontró a decenas de millares de vietnamitas que llegaron a demostrarle su admiración. Muchos jóvenes se sienten atraídos por la vida simple y alegre de los monjes y las monjas de las comunidades, al punto de que numerosas solicitudes no pueden tener éxito por falta de espacio. Varios cientos de jóvenes desean recibir enseñanzas monásticas en el tradicional pueblo de Pruniers.

---

[5] Al final, esta decisión fue favorable para el gobierno, porque Vietnam se integró a la OMC en 2007.

Un momento cumbre de su viaje fue cuando visitó el templo Tu Hieu del pueblo imperial de Hué. En 1942, a la edad de 16 años, fue en ese templo donde afirmó su vocación espiritual al tomar el magnífico voto de los *bodhisattvas*. Nuestro mundo tiene una necesidad crucial de los *bodhisattvas*, esos seres cuyas palabras expresan amor, compasión y compromiso profundo hacia todos. Según la tradición budista, los *bodhisattvas* son seres que purificaron su karma y realizaron el despertar, pero siguen manifestándose en el *samsara*, por el voto que hicieron de ayudar a los demás seres.

Gracias a su energía de amor y de paz profunda, estos seres mantienen el equilibrio de las fuerzas sutiles del planeta y transmiten a quienes las necesitan las semillas del amor, de la paz y de la compasión. Según el maestro zen, todos aquellos que están en la vía de la comprensión y de la compasión son *bodhisattvas*. "Los *bodhisattvas* jamás se cansan del sufrimiento que hay a su alrededor y nunca abandonan. Nos dan el valor de seguir viviendo",[6] explica Thich Nhat Hanh. Este enfoque demuestra lo mucho que el monje no teme actualizar los textos budistas para ponerlos al alcance de todos. Es la fuerza de su mensaje: incluso el peor de los hombres tiene un valor, es un *bodhisattva* en potencia. Una verdad que nunca ha temido afirmar, cualesquiera que sean las consecuencias.

Y desde ese día de 1942, el compromiso de Thay inspiró a miles de personas, miles de *bodhisattvas* se despertaron.

Desde un punto de vista político y social, Thay afirma su voluntad de escuchar a cada uno y de comprender la realidad del país que, nuevamente, se ofrece a sus ojos.

---

[6] Thich Nhât Hanh, *Il n'y a ni mort ni peur*, La Table Ronde, 2003.

La herencia colonial francesa y la Guerra de Indochina, tras la instrumentalización ideológica de las grandes potencias, Rusia y Estados Unidos, acorralaron al país, agravando las divisiones interiores y dejando finalmente un Vietnam exangüe, rígido, donde el poder no parece conocer otra cosa más que la represión brutal. Él se da cuenta de cómo son difícilmente conciliables la insatisfacción de los budistas y las concepciones gubernamentales. Sin embargo, sigue siendo infalible su creencia en escuchar y en el cambio. Esta capacidad de escucha profunda, desprovista de los velos del juicio y de las proyecciones, ciertamente constituye uno de los fermentos de la humildad que lo caracteriza.

La fe budista del joven monje no ha dejado de confrontarlo, sin desviación, con las dificultades que marcaron la historia de Vietnam. Él ha hecho suyo el sufrimiento terrible de su país. Ofreció a sus semejantes la joya de la sabiduría budista y la compasión universal. En lugar de las furiosas repercusiones de las pistolas y las metrallas, Thich Nhat Hanh eligió la partitura, demasiado abandonada, de la paz. Si tiene que haber un ganador en el drama que se juega en los confines del extremo Oriente, entonces el monje zen salió victorioso. Porque la paz se gana a cada instante. En 2003, en un discurso frente al Congreso de Estados Unidos, declaró: "No hay una vía hacia la paz. La paz es la vía".

Crecer en un país en busca de sí mismo

"Yo soy de la raza de los dragones, tú eres de la raza de los inmortales. El agua y el fuego se destruyen: difícilmente estamos de acuerdo. Por lo tanto, es necesario que nos separemos". Así echó el legendario rey Lac Long Quan,

protector y héroe de Vietnam, a su mujer, la bella e inmortal Au Co. Los orígenes del país se vislumbran en este
cuento que se remonta a la noche de los tiempos, y que
fusiona las profundidades de la Tierra con los abismos
del agua. Los vietnamitas piensan que surgieron de la
unión de la tierra y el agua, a través de este hombre de
poderes extraordinarios de la raza de los dragones, veni-
do del agua, y de la bella Au Co, hada de las montañas.

Según la leyenda, los paisajes de Vietnam, como la
bahía de Along, se conformaron por las batallas entre
monstruos terribles mitad dioses y mitad hombres. Juntos, tuvieron cien hijos. Los vietnamitas serían descen-
dientes de estos padres comunes. Por sus venas corre un
poco de sangre de dragón y de la bella inmortal. La mitad de los hijos se repartiría en la montaña bajo la protección de su madre y la otra mitad en las planicies con
el padre, para fundar la dinastía de los Hung. La historia
revela que la población, la cual se instaló inicialmente
en las planicies, no conquistaría el delta del río Rojo más
que de manera tardía, mientras que éste sería lo suficientemente numeroso como para edificar diques a través de
los ríos y sus costas.

Bajo el signo del Tigre de Fuego

El 11 de octubre de 1926 (año bajo la influencia del Tigre
de Fuego), en el centro de Vietnam, un niño ve la luz en
una humilde familia de un pueblo llamado Qu'ng Ngai,
en la provincia de Thua Thien-Hue, producto de la etnia
mayoritaria del país, los viets, seres de reputación refi-
nada, ingeniosos y perseverantes. Lo bautizaron con el
nombre de Nguyen Xuan Bao. En este periodo seco de
principios del invierno tropical, la luna está en ascenso.

Es un signo auspicioso que permite esperar un temperamento benevolente y optimista.

Antes de que él naciera, su madre tuvo un aborto espontáneo. El primer indicio de la sabiduría futura del niño fue que sacó de este acontecimiento una reflexión profunda.

> A menudo me pregunté [...] si ese bebé era mi hermano o si era yo. ¿Quién habrá tratado de manifestarse en esa época? Si ese bebé no vino, significa que las condiciones no eran adecuadas para que se manifestara, y el niño decidió retirarse en espera de mejores condiciones [...] ¿Fue mi hermano el que mi mamá perdió la primera vez? ¿O fui yo, que estaba listo para venir, pero me retiré al ver que aún no era el momento?[7]

La sabiduría que Thich Nhat Hanh enseñara años más tarde, según la cual cada acontecimiento se manifiesta en su propio tiempo, solamente cuando las condiciones se reúnen, es la ley misma de la naturaleza.

El rostro del niño se describe como grave y sereno. Crece bajo la protección de una naturaleza conservada y exuberante. Para la conciencia colectiva de los habitantes, la naturaleza, los árboles, las plantas y los elementos poseen su propia sensibilidad. El fuego que purifica, el agua que tranquiliza e inunda la tierra y sus arrozales. El viento disemina a su alrededor los olores fuertes y frescos de la tierra.

El agua tiene un papel especial en la historia de Vietnam. Tiene mil rostros, tantos como colores y olores. Tumultuosa, imprevisible en el río Rojo de aluviones color ladrillo, aguamarina y turquesa a través de sus cos-

---

[7] Thich Nhât Hanh, *Il n'y a ni mort ni peur, op. cit.*

tas. Su poder de destrucción con los desbordamientos e inundaciones, así como su fuerza benefactora y alimenticia, forjaron la identidad de sus habitantes. El pueblo vietnamita intentó domesticarla, canalizándola en sus presas y sus arrozales. Vietnam, ¿no es llamado el "País del Agua y las Leyendas"?

Las relaciones se tejen con un mundo invisible en el que los poderes sobrenaturales son acordes con ciertos animales. Igualmente se perciben las aportaciones del confucianismo, el taoísmo y sobre todo el budismo, que introdujo China, sin olvidar la influencia de los misioneros católicos, de una manera que se vincula más intensamente con un sincretismo espiritual que con una religión específica.

En esos tiempos, el pueblo se inscribía en una cultura local donde se mezclaba el culto de muchos milenios de ancestros y la influencia de filósofos budistas, confucionistas y taoístas. La devoción a los ancestros se heredó de la época de los reyes Hung,[8] que daba a cada casa su altar destinado a rendir homenaje a los muertos de cuatro generaciones precedentes. En la época del joven, los campesinos vietnamitas no eran teólogos sutiles, y aunque eran incapaces de formular sus creencias en palabras, en su espíritu no había nada más claro. La vida del pueblo se recitaba en las fiestas religiosas bajo el claro de luna.

Mientras que a lo lejos resuenan las campanas del templo del pueblo, el canto de los gallos y el bramido de las vacas, el pequeño Nguyen Xuan Bao acompaña silenciosamente a su padre cerca del altar familiar y recita

---

[8] Los reyes Hung gobernaron sobre el reino de Van Lang del siglo VI al III a.C.

con él algunas plegarias de paz que resuenan un instante en la casa. Quien se convertirá en Thich Nhat Hanh no dejará de practicar esta reverencia y este profundo respeto a los ancestros a través de su existencia. Recibe los cuidados de una familia amorosa y humilde. Su madre tiene la pesada carga de la casa y los trabajos domésticos. Su padre gana el dinero que permite satisfacer las necesidades de la familia. Más tarde va a reconocer que su madre no tenía los medios para ofrecerle un vaso de leche diario, lo que probablemente contribuyó a su pequeña talla. Tenían de comer y vestir, pero sólo lo necesario. En muchas ocasiones vieron amenazada su existencia simple.

En otros tiempos, mis amigos y yo queríamos convertirnos en héroes capaces de eliminar el infortunio y de hacer desaparecer las calamidades. Entonces no sabíamos el precio que había que pagar para ser un héroe y seguramente por eso queríamos imitar a los caballeros de los tiempos de antaño.[9]

A los siete años de edad, el niño encontró a Buda a través de una imagen de Siddartha Gautama sentado sobre la hierba, inmerso en la meditación, con el rostro inundado de la serenidad que lo caracteriza. De inmediato sintió una gran admiración por él. Desde ese momento tuvo la intuición de su porvenir. Cada día nutre sus pensamientos con el deseo profundo de que él también, pronto, será capaz de vivir en la paz, mientras a su alrededor se cierran los rostros de los adultos.

La tormentosa historia de Indochina conducirá al joven Nguyen Xuan Bao directamente al cumplimiento

---

[9] Thich Nhât Hanh, *Feuilles odorantes de palmier* (16 de agosto de 1962), *Journal 1962-1966,* La Table Ronde, 2000.

de su *dharma* de hombre de paz. Es por eso que ahora debemos enfocarnos en el pasado de Vietnam, en particular la colonización, para comprender las raíces del compromiso del joven.

Las semillas de los venenos

Los libros de texto y las obras consagradas a la exaltación de la epopeya colonial de Francia llamaban a Indochina la "joya más bella del Imperio". Aunque la colonización francesa no es más que un epifenómeno en vista de su historia milenaria, durante la cual el territorio sufrió la ocupación china, es esencial comprender la colonización para asir los engranajes del conflicto que algunos decenios más tarde opondrían al norte con el sur en el contexto de la Guerra Fría.

Los primeros contactos del pueblo indochino con los occidentales se llevaron a cabo por medio de los misioneros católicos portugueses, españoles, italianos y franceses que llegaron a la península Indochina en el siglo XVI. En esa época no se trataba de colonización, sino de evangelización. Los jesuitas latinizaron la escritura vietnamita, inspirada en el chino, para reemplazarla, y los misioneros católicos fueron enviados a las provincias para llevar la buena palabra, en donde Francia encontró, además, la oportunidad de una apertura con la vecina China.

La colonización de Indochina comenzó bajo el gobierno de Napoleón III a partir de 1858. Las razones que se expusieron fueron la defensa de los cristianos perseguidos. Durante estos decenios de colonización, las riquezas del país fueron desviadas minuciosamente por los colonizadores bajo el pretexto de un "derecho de comercio".

Al nacimiento del niño, en 1926, Vietnam se encuentra bajo el golpe del imperio colonial francés, al que se anexó oficialmente en 1883. Las condiciones de vida son sumamente difíciles. Inexorablemente, el pulpo del sistema de explotación económica que impuso el imperio colonial llevó miles de vidas a la miseria, empezando por los más vulnerables. Si el pueblo vietnamita, pacífico por tradición, en respuesta a las promesas que hizo el Estado colonial, optó de inicio por la colaboración, pronto nadie podría ignorar lo que estaba en juego.

La sola especulación del caucho implicó, desde el inicio de la década de 1920, el desbrozo de vastos territorios boscosos y contribuyó a la deportación de miles de hombres para satisfacer las necesidades de mano de obra de los que fueron llamados "*jauniers*" (amarilleros) por la violencia de los métodos que emplearon, que recordaban los de los negreros. Esta economía enriqueció directamente a Fives-Lille, la Sociedad de Construcción de las Batignolles, el Consejo Nacional de Finanzas, la Sociedad General, el Crédito Lionés, el Banco de París y los Países Bajos, y la Sociedad Michelin.

La economía tradicional de las aldeas reposa desde siempre en la agricultura. Sin embargo, rápidamente abre el paso a una economía monetaria. En el espacio de apenas algunos decenios, esto provocará profundas turbulencias en la sociedad vietnamita. Los grandes propietarios volvieron a comprar tierras donde los campesinos no pudieron seguir viviendo, ya que estos últimos se veían obligados a vender su fuerza de trabajo a sus patrones, en la mayor parte de los casos en condiciones miserables. El yugo colonial también destruyó lentamente la identidad tambaleante de Vietnam.

El nacionalismo en reacción al colonialismo

Cuando sobrevino el crack de la Bolsa de 1929, las economías mundiales se hundieron en un caos sin precedentes. El Estado colonial[10] aumentó aún más la presión sobre las poblaciones vietnamitas, que ya estaban exangües por decenios de explotación. Son numerosas las familias que ya no pueden mantener a sus hijos y tienen que confiárselos a otros. En cuanto a los trabajadores de las plantaciones o de las minas, los *coolies*, que el Estado francés empleaba en condiciones de esclavitud (cerca de 40 000 por año sólo para la Cochinchina), o que "exporta" a las colonias del Pacífico (a razón de 800 *cabezas* por barco),[11] llevan existencias miserables, explotadas hasta el agotamiento, lejos de los suyos y de los altares de sus ancestros, sin esperanza de regresar con su familia.

La reacción al exceso del poder imperialista fue lo que forjó poco a poco en el pueblo vietnamita un sentimiento

---

[10] Se trata de una colonia de explotación, no de poblamiento, que por vocación se afirmó como un verdadero Estado colonial. La III República francesa, bajo la dirección de Léon Gambetta, Jules Ferry y Paul Doumer, veía a la vez un interés económico importante para la metrópoli en la explotación de té, café, recursos minerales y caucho, pero también un trampolín muy prometedor hacia el inmenso mercado chino.

[11] Las sociedades financieras que se establecen en las Nuevas Hébridas invocaron la razón patriótica para obtener la mano de obra que necesitaban: estas islas eran un 'condominio' franco-británico y el gobierno debía recuperar el poder del que los ciudadanos serían mayoría, de manera que, decían, importaron miles de trabajadores para 'tener ventaja' sobre los ingleses. En realidad, las Nuevas Hébridas no son más que el pretexto, la mayoría de los barcos se desviaban a la Nueva Caledonia y otras islas francesas.

de pertenencia a una identidad común. La intención francesa de renegar de la cultura local en beneficio de las ideas colonialistas, las humillaciones y la explotación de los trabajadores, así como el arsenal de represión que imponía la policía, alimentado por el racismo, nutrió un creciente resentimiento. El régimen colonial no se privó de utilizar la guillotina y la tortura para imponer el orden. Encima, casi ninguno de los colonos parecía tener conciencia de encontrarse en un país de modales refinados donde la poesía tiene un lugar principal. El honorable corresponsal del *Figaro*, Paul Bonnetain, describe así a los vietnamitas de la época de la campaña del Tonkín, en los años de 1880: "Ser superficial de virtudes negativas y vicios vulgares, el anamita no tiene conciencia política ni conciencia moral. El embrutecimiento de sus esclavitudes tradicionales y las leyes de la herencia social obnubilaron la memoria de este paria de Asia. Sin embargo, vivaz y fecundo por el predominio mismo de sus instintos materiales y los recursos de su suelo asiático, este ictiófago que reemplaza por fósforo los glóbulos sanguíneos y los nervios que le faltan, está fatalmente marcado por la domesticación".[12]

Disimuladamente, se organiza una resistencia secreta con la fundación del Viet-Minh, el Frente de Inde-

---

"Fue la reedición, en pleno siglo XX, de la marcha de los esclavos."
"Hablo de esclavitud, pero es incluso peor. El propietario de esclavos tenía interés en proteger su ganado, que representaba un bien. Por el contrario, el que compraba un tonkinés por cinco años, veía que cada año el valor de su compra disminuía un quinto. Por lo tanto, trataba de sacar en cinco años lo más que pudiera de esa compra. ¡Qué importa que en ese momento el hombre esté vacío, terminado, bueno para nada! El amo no va a perder un centavo." (*Volonté indochinoise*, 10/08/1927)

[12] *Au Tonkin*, Victor-Havard, 1885.

pendencia de Vietnam, dirigido por Nguyen Ai Quoc, quien después de haber vivido en Francia y haberse inscrito al Partido Comunista desde 1921, pronto tendrá fama internacional bajo el nombre de Ho Chi Minh.[13]

Las distorsiones económicas inherentes a la relación colonial y la crisis histórica del nacionalismo crearon la base social del comunismo y facilitaron su propagación en el curso de este decenio, caracterizado por un desarrollo desigual de la economía indochina. Apareció un proletariado numéricamente bastante reducido (en 1931 tuvieron un censo de 221 000 obreros en las grandes empresas privadas que pertenecían a Francia) y la extensión del subempleo rural y urbano, que expresan la movilidad extrema de los obreros vietnamitas y la permanencia de sus relaciones con el mundo rural. Bajo el efecto de la progresión del latifundismo[14] en el delta del Mekong y del endurecimiento de la renta territorial como deducción fiscal, la pauperización azotó de forma masiva a los campesinos.

Entre los años 1930 y 1940, llegó la hora de la elección. Algunos optan por la vía de un nacionalismo radical, elección que convence incluso a los espíritus más ilustrados.

Nguyen es un adolescente de casi 16 años. La pasión que lo anima es la intención sincera de brindar ayuda a quienes sufren. A pesar de las reticencias de sus padres, que temen las difíciles condiciones de vida de los monjes, se dirige al monasterio Tu Hieu de Hué,

---

[13] Ho Chi Minh: "Que aporta luces", en vietnamita.

[14] El latifundismo es un sistema de explotación agrícola que practica una agricultura extensiva. La propiedad territorial se concentra ahí particularmente, y por lo general requiere el empleo de jornaleros.

afiliado a la escuela budista zen Rinzai. Esta escuela tuvo su origen en el linaje de la escuela Lieu Quan Zen, que se desarrolló especialmente en el centro y el sur de Vietnam.[15] En el seno de este linaje fue donde el joven monje recibió el nombre de Thich Nhat Hanh, y en adelante sus amigos lo llamarán Thay.[16] En 1941, el mundo se desbocó en la Segunda Guerra Mundial.

El cultivo de su propia respuesta al sufrimiento

"La vida cotidiana es una fuente inagotable de despertares". Entre las murallas de protección del monasterio, el maestro enseña su sabiduría al joven aprendiz.

Aunque se consagra por completo al estudio, es imposible que el joven despegue la mirada de la suerte que sufren sus semejantes. Ese año, el sufrimiento es pesado, omnipresente en todos los poblados, ciudades y regiones de Vietnam. Sus amigos desaparecen de repente, apresados y asesinados por soldados. Quizá sus ojos de adolescente comprendían con más precisión que los ojos de sus maestros el drama que asolaba su país.

Aunque la realidad le saltaba a la vista, fue el ambiente pacífico del monasterio, donde el tiempo se mecía al ritmo de los mantras más que al de las informaciones políticas, lo que empujó al monje a encontrar la distancia necesaria con la tragedia. El monasterio lo ayuda a vol-

---

[15] Pertenece a la vía del budismo Dyana. La paternidad de esta vía se atribuye a Tang Toi, un monje budista de Asia central, que llegó a Vietnam a enseñar el budismo Dyana en el siglo III a. C.

[16] Thay: "maestro" en vietnamita, nombre que se da a todos los monjes.

ver a sí mismo y a tomar la justa medida de los acontecimientos, libre de la influencia de sentimientos negativos.

Una de las primeras enseñanzas del monasterio es la
práctica de los *gathas*: la menor actividad cotidiana es
una ocasión para la conciencia plena. No hay una actividad más importante que otra. La atención y la respiración se centran en el movimiento si hay que barrer, co-
cinar o incluso simplemente levantar el pie derecho para
levantarse o apoyar el pulgar sobre el índice para meditar.

Un día que salió del salón del maestro sin preocupar-
se porque la puerta se azotara detrás de él, el maestro lo
llamó y le dijo: "Novicio, vas a volver a hacerlo, vuelves
a salir y vuelves a cerrar la puerta detrás de ti con plena conciencia".[17] Más tarde, Thay diría que toda su vida
supo cerrar una puerta. Si su maestro lo amaba mucho,
no se expresaba en la palabra.

Este perpetuo retorno al presente disminuye la influencia de los acontecimientos exteriores sobre el estado
mental. Así, las reacciones negativas como la ira o el miedo hacen menos presión en el joven practicante: le toca
a él descubrir en su interior su propia respuesta al sufrimiento.

Experimentación

La confrontación del sufrimiento inclina a la reflexión sobre
uno mismo. Es por ello que es una noción clave del budismo.
El sufrimiento y sus atributos —la muerte, la enfermedad, la
vejez— son como una iniciación necesaria para conocer la verdad de la vida. Sin ellas, el buscador espiritual vive en la superficie de las cosas y de los seres, no puede esperar una evolución
espiritual favorable. La enseñanza de Thay es clara:

---

[17] www.buddhaline.net/Le-bouddhisme-engage-selon-Maitre

> Yo no quisiera enviar a mis amigos ni a mis hijos a un lugar ca-
> rente de todo sufrimiento porque, en un lugar así, no tendrían la
> oportunidad de aprender a cultivar la comprensión y la compa-
> sión. Además, Buda nos enseñó que en ausencia de sufrimien-
> to no tendríamos jamás la posibilidad de aprender. Él también
> sufrió mucho; fue precisamente gracias a ese sufrimiento que
> pudo conseguir el despertar.[18]

Hace 2 500 años, el encuentro con el sufrimiento marcó
el punto de partida del camino interior del joven Siddharta, el futuro Buda. El joven consiguió transformar el
sufrimiento en una maravillosa experiencia espiritual
que inspiró a miles de personas.

A los 16 años, esposo de dos princesas, según Mir-
cea Eliade, y con una existencia sin inquietud alguna
en el palacio paterno, salió tres veces del palacio. Tres
veces en las cuales se enfrentó con tres males ineluct-
ables que afligen a la condición humana: la vejez, el sufrimiento y la muerte. En una cuarta ocasión, vislum-
bró el remedio contemplando la paz y serenidad de un
asceta mendicante. Se entregó entonces a un régimen
de ascesis y de mortificaciones muy severas en compañía de cinco discípulos. Sin embargo, al comprender la
inutilidad de ese tipo de ascesis, aceptó una ofrenda de
arroz y un tazón de leche. Indignados, sus discípulos
lo abandonaron. Él se sentó a la sombra benefactora
de un baniano y se prometió no volver a levantarse antes de obtener el Despertar. Vencedor de los asaltos de
Mara, que aunó con él a la muerte y lo malo, cuando
comenzó el nuevo día fue posesor de las Cuatro Nobles
Verdades.

---

[18] Thich Nhât Hanh, *Prendre soin de l'enfant intérieur*, Belfond,
2014.

La primera verdad es que todo es sufrimiento, *sarvam duhkam*: "el nacimiento es sufrimiento, la muerte es sufrimiento, la enfermedad es sufrimiento", todo lo que es efímero es sufrimiento, *dukha*. Pero el sufrimiento no se comprende en un sentido negativo o pesimista, sino todo lo contario. Thich Nhat Hanh escribió que "nosotros tenemos tendencia a escapar de nuestro sufrimiento, a evitarlo y a privilegiar la búsqueda del placer. Sin embargo, es esencial aprender que el sufrimiento puede ser benéfico a veces. Incluso podemos hablar de los beneficios del sufrimiento porque es lo que nos muestra cómo profundizar nuestra comprensión; es el mismo que permitirá que la aceptación y el amor se extiendan naturalmente".[19]

El sufrimiento es la oportunidad de hacernos más verdaderos, más humanos. El sufrimiento del otro nos concierne. Es la oportunidad de abrazar la vida de manera completa para estar más vivos y, finalmente, vivir felices. Porque el objetivo del budismo es encontrar un bienestar profundo y perdurable.

En un plano más universal, tratar de comprender las raíces del sufrimiento del mundo se transforma en dar una oportunidad a que se revele la paz del mundo. Quien descubra las raíces que son el origen de un acontecimiento doloroso, obtendrá una lectura fina y crítica, y podrá preparar una respuesta adecuada y justa, dotada de un resultado perdurable. Atento a sus emociones, el joven monje no cerró los ojos ni desvió la mirada. Deja que sus ojos se llenen de lágrimas al mismo tiempo que brota su humanidad. En todos los casos, sabe que las estrategias que podrían llevarlo a evitar el sufrimiento lo

---

[19] *Ibid.*

conducirían tarde o temprano a vivir en el miedo o la ignorancia.

Transformar el duelo

La juventud de Thay estuvo atravesada por la experiencia del dolor. La muerte se llevó a su madre cuando él apenas era un adolescente. Ante esa pérdida desgarradora, expresa estos cuestionamientos interiores en su libro *La muerte es una ilusión*:

> El día que murió mi madre, escribí en mi diario: "un terrible dolor se produjo en mi vida". Sufrí durante más de un año [...] pero un día [...] soñé con mi madre. Me vi sentado hablándole y fue maravilloso [...] la impresión de que mi madre estaba siempre en mí fue sumamente clara. Entonces comprendí que la idea de haber perdido a mi madre no era más que una idea. Era obvio en ese instante que mi madre siempre estaría viva en mí. Abrí la puerta de mi choza para caminar un poco [...] cada vez que mis pies tocaban la tierra sabía que mi madre estaba ahí conmigo [...] desde entonces, la idea de que había perdido a mi madre dejó de existir.[20]

El duelo se logra e inicia una mañana nueva y resplandeciente. Mientras el rocío fresco de la mañana bañaba aún los campos de té, el joven transcendió la idea de la muerte de su madre bien amada. Ya no está solo. Su conciencia se expande. Su madre siempre estará viva porque él siente su presencia en sí mismo. Cada ser es la continuidad de sus ancestros. De esta experiencia dolorosa hizo una oportunidad de conciencia plena.

---

[20] Thich Nhât Hanh, *Il n'y a ni mort ni peur, op. cit.*

Monje rebelde

Unas nubes sombrías se acumulan en el cielo sereno del balcón del Pacífico.

A miles de kilómetros, en septiembre de 1939, la Alemania nazi invade Polonia. Hostil a la guerra, Francia se ve obligada a intervenir y entra en un conflicto con Alemania que terminará con la debacle del ejército francés. La derrota de Francia se certifica en junio de 1940 con la firma del armisticio.

El invasor japonés, aliado de los nazis, aprovecha la situación y sus tropas se aglomeran en la frontera. Sirviéndose de ciertos movimientos anticolonialistas vietnamitas, emprende una ocupación brutal de Indochina. Caen las cabezas de administradores franceses o colaboradores vietnamitas. En los años siguientes, el control nipón sobre la península es cada vez más apremiante.

Aunque Nguyen Xuan Bao está en los albores de su vida, los acontecimientos de esta época revisten de gran importancia el recorrido de su conciencia. Si bien la responsabilidad de los infortunios de los habitantes aparentemente podría imputarse a las sucesivas autoridades, el joven aspirante budista hace una lectura espiritual de los acontecimientos. El sufrimiento que impera a su alrededor constituye la materia para la elaboración y la maduración de su conciencia. La suerte de los vietnamitas le toca el corazón directamente. Cada acontecimiento, cada acción, es una ocasión para una comprensión clara y profunda.

El advenimiento del comunismo

Al mismo tiempo, a partir de septiembre de 1941, se formaron otros movimientos nacionalistas y de resistencia para conformar el Viet-Minh, la liga por la independencia de Vietnam, bajo la dirección de Ho Chi Minh y el Partido Comunista.

El comunismo conoció entonces un rotundo éxito que se inscribió como reacción al colonialismo francés. No fueron los blancos quienes introdujeron el marxismo, sino los vietnamitas que salieron en busca de un sentido profundo de la política que debían instaurar.[21]

A partir de 1945, la revolución se desarrolla alrededor de varios polos exteriores que permanecieron en íntimo contacto con el interior: China, Moscú y el Partido Comunista Soviético, París y el Partido Comunista Francés. Sin embargo, su expansión va a azotar con todas sus fuerzas la volubilidad estadounidense.

Frente a esta fuerza destructiva, que parece inexorable y prepara el enfrentamiento de los suyos con el pretexto de la ideología y la libertad, el joven se niega a entrar al juego. Él observa y medita. El Sutra del Diamante, llamado también práctica del "diamante que corta", exige el ejercicio del discernimiento para disipar la ignorancia y las falsas interpretaciones del dharma con el fin de que triunfe la vía central enseñada por Buda.

Debido a la hambruna durante los años siguientes, el campo indochino se ve arrastrado por una economía de guerra en la que la víctima principal es siempre la población.

En el norte de Vietnam, entre octubre de 1944 y mayo de 1945, una grave hambruna acaba con cerca de un millón de personas; según las cifras del gobernador general francés Jean Decoux, varias causas explican

---

[21] Como Nguyen Ai Quoc entre 1911 y 1920. El marxismo provee, en efecto, un análisis del enemigo principal: la colonización francesa, una teoría social y un programa liberador.

la situación directamente relacionada con el contexto geopolítico. La región del Tonkín, en el extremo norte de Vietnam, está ocupada por Japón. Sus adversarios, en particular Estados Unidos, bombardean los caminos, atacan trenes, puentes e incluso carretas tiradas por bueyes, lo que hace extremadamente difícil el transporte de arroz del sur hacia el norte. Francia y Japón inmovilizan el alimento de las granjas con el objetivo de alimentar a sus tropas, mientras que la administración francesa, completamente desorganizada, es incapaz de abastecer y distribuir el alimento; a partir de comienzos de 1944, el irrisorio abastecimiento alimentario ocasiona la hambruna.

En enero y febrero de 1945, una parte de la población de las provincias marítimas se impacienta y, en condiciones desastrosas, inicia una migración hacia las provincias donde se dice que la cosecha es mejor: alrededor de 50 000 personas perecen en ese éxodo. Los campos de migración acogen a los imprudentes viajeros y los campos de refugiados parecen una población damnificada.

En marzo de 1945, Japón toma el poder mediante un golpe de Estado contra los franceses; a petición de los japoneses, se proclama una independencia superficial bajo la égida del emperador Bao Dai. Mientras este gobierno trata de aligerar las dificultades de la población, Japón prosigue su política de requisición de alimentos. Desde el 10 de marzo, el día siguiente a la toma del poder, los japoneses embargan todos los juncos y convoyes de arroz, y se apoderan del abastecimiento de arroz de Hanói y de varias ciudades importantes. A falta de medios reales designados al gobierno vietnamita, el hambre se extiende y destroza el norte del país. Por los bombardeos estadounidenses, las comunicaciones están casi totalmente interrumpidas entre Tonkín y la Cochinchina.

En Hanói, las personas mueren de hambre en las calles. En las ciudades se desencadenan epidemias de tifus y cólera. A raíz de la guerra y la parálisis del gobierno, el precio de las mercancías básicas, en especial los productos alimentarios, sube excesivamente. Sin embargo, la ocupación japonesa durará poco: cinco meses más tarde, la historia de Vietnam da un vuelco absoluto.

La Guerra de Indochina

El 6 de agosto, la bomba atómica que Estados Unidos soltó sobre Hiroshima asesta un golpe fatal a Japón. Al día siguiente, Ho Chi Minh constituye un Comité de liberación del pueblo vietnamita que ratificó la decisión de insurrección general el 16 de agosto. El Viet-Minh se apodera de Hanói el 19 y rápidamente todo el país queda bajo su poder.

El emperador Bao Dai es forzado a abdicar en la ciudad de Hué. El 29 de agosto se conforma un gobierno provisional de liberación nacional, antes que la Republica, y su independencia se proclama el 2 de septiembre, al salir de la Segunda Guerra Mundial. Sin saber lo que se está jugando en el ajedrez político internacional, el pueblo vietnamita ve con verdadero alivio que se aleja el espectro del colonialismo y piensa que por fin recuperó su independencia después de 80 años de sumisión al estado colonial francés. Lejos está de pensar que en realidad lo peor está por venir. Vietnam es directamente víctima de las consecuencias de los acuerdos de Yalta[22] que legitiman el poder francés sobre el territorio.

---

[22] Las cuatro mayores potencias que pusieron fin a la Segunda Guerra Mundial —Washington, Londres, Moscú, Chongqing— decidieron de común acuerdo confirmar la soberanía de París sobre Indochina.

El decenio siguiente va a sumergir el este de la península indochina en los tormentos de la guerra, al oponer al Viet-Minh con Francia hasta que entren, en 1954, en lo que comúnmente se llamará "la Guerra de Indochina".

Esos años son extremadamente cruciales. Thay es sensible a los rostros demacrados de los viejos que lloran a sus muertos, a la mirada de los campesinos que contemplan sus campos arrasados. Detecta el clamor silencioso de un pueblo que, desde hace siglos, busca la vía de su salvación. Durante las tardes meditativas bajo la mirada de las estrellas, su ojo interior contempla el conocimiento inconmensurable que le trasmite Buda. Está imbuido de los secretos que llevan al verdadero bienestar, y comprende que no se revelan más que a los espíritus sinceros y desinteresados.

A los 20 años de edad, el joven se debate entre la cruel realidad de Vietnam y la belleza que percibe en las enseñanzas de Buda. Comprende que es necesario vivir verdaderamente la paz con todo su ser para no dejar que lo succionen los poderes tentadores de la destrucción y el engranaje de violencia que acaba de devastar Europa.

De manera cotidiana se enfrenta a la realidad brutal de la guerra. Como el día que ve desembarcar en el templo a un soldado francés que, bajo la amenaza de su fusil, exige que Thay le entregue el abastecimiento completo de arroz. El soldado es joven, delgado y pálido. Thay se ve forzado a obedecerlo, baja la cabeza y carga los pesados sacos de arroz hasta un camión. En él se acumula la ira. Como practicante budista, aprendió a reconocerla.

A través de los años siguientes, medité en varias ocasiones sobre ese soldado. Me concentré en el hecho de que tuvo que dejar a su familia y a sus amigos para viajar por el mundo y llegar a Vietnam, donde tuvo que enfrentar el horror de matar a mis compatriotas o de ser asesinado. Me di cuenta de que los vietnamitas no son las únicas víctimas de la guerra: los soldados franceses también tuvieron su parte.[23]

Creer en el bienestar

En las tardes de recogimiento brota el grito de un joven conmocionado. Un grito forjado y alzado por la sabiduría y la meditación, germen de una ascesis de la que emana una vibración poderosa, como una muralla para el otro poder, el de las armas, cuya apariencia invencible seduce a los hombres, despertando su pulsión salvaje y llevándolos a un burbujeo furioso a cambio de la breve sensación de existir. En esta contracción del tiempo en que se lleva a cabo la guerra, el más mínimo gesto gana una intensidad increíble y fascinante en la que el hombre se prueba.

En este combate entre la vida y la muerte se despierta el sentimiento sordo agazapado en el corazón del inconsciente del mundo y del ser humano: el miedo. Al despertar a la bestia en el hombre, la guerra le recuerda su condición. No ve a la bestia más que en el otro, y se convence de que vencerá a esa bestia y con ello va a recuperar los valores que el adversario parece poner en peligro. Cree que en el combate se eleva hacia la nobleza, mientras que cae en la trampa de la violencia. Un día, el soldado se levanta y ya no sabe por qué combate.

---

[23] "*Many times over the years I have meditated on this soldier. I have focused on the fact that he had to leave his family and friends to travel across the world to Vietnam, where he faced the horrors of killing my countrymen or being killed. I came to realize that the Vietnamese were not the only victims of the war —the French soldiers were victims as well*", Roger Tagholm, "The Other Dalai-Lama", *The Times*, 10 de agosto de 2010.

Las guerras se terminan con baños de sangre, siempre al precio del sacrificio de civiles e inocentes.

La sabiduría budista enseña que las manifestaciones de violencia exterior son un asunto de la interioridad. La nobleza se gana a través del control de uno mismo y de sus impulsos. La bestia no se combate en el otro sino en uno mismo; es un trabajo interior que no se realiza mediante la violencia, sino gracias a una ascesis y a una resistencia cotidiana. El joven aprende a liberarse del imperio de este instinto salvaje, a controlarlo, gracias a la concentración del espíritu, a la luz de la flama de una vela y al ritmo de la inhalación y exhalación. Al transformarlo, se forja en la mayor intimidad una fuerza del alma.

Su conciencia moral le dicta venerar todas las formas de vida, no podrá estar en paz hasta que consuele de manera concreta a quienes lo rodean. ¿Cómo aplicar la sabiduría para permitir que los hombres vivan felices?

No teme revelar la pertinencia de la palabra espiritual. En el marasmo en que el país se hunde, ve que Vietnam poco a poco es conquistado por ideologías que no le pertenecen. Se oprime su corazón cuando escucha que una joven le canta a su bebé un himno comunista. Su conciencia le dicta asumir totalmente sus responsabilidades. No hace diferencia alguna entre su vida y la de sus condiscípulos, sabe que todas las existencias están enlazadas unas con otras y que imaginárselas separadas es una ilusión. Esta comprensión lo ayuda a ir fácilmente al encuentro del otro.

Un corazón libre

El joven monje y algunos de sus amigos recorren los barrios empobrecidos de la vieja ciudad real de Hué, al norte del país. Evocan, con ayuda de poemas, una resistencia que se funda en la no violencia. La pluma de Thay ya está alerta y ocupada. En este periodo nacen algunos ensayos, premisas que serán futuros libros, y también sus primeros poemas.

Separado de cualquier teoría y de cualquier tradición que no se pondrá en práctica, indiferente al estatus social, Thay es un hombre libre. Su corazón se siente cada vez más unido al sufrimiento de los demás, mucho más intensamente que obligado a los lazos de subordinación del monasterio.

En 1950, tiene 24 años. Respaldado por sus amigos, decide fundar el Instituto de Estudios Superiores del Budismo An Quang. Rápidamente se vuelve popular entre los estudiantes, tanto jóvenes monjes como laicos, que siguen sus cursos con asiduidad. Thay demuestra un interés real por las reflexiones de sus estudiantes. Su presencia se describe como vibrante, sus cursos despiden un perfume particular, al punto de que los estudiantes desarrollan naturalmente entre ellos una atmósfera de fraternidad.

En 1954, Thay publica *El budismo comprometido*, y en un ensayo titulado "Ideas fundamentales de la juventud budista por el servicio social", lanza las bases de un vasto proyecto con el objetivo de favorecer el mejoramiento de las condiciones de vida en Vietnam en contra de las injusticias del régimen colonial y más tarde, del país en tiempos de guerra. "El budismo actualizado", otro ensayo notable, precisa aún más el concepto innovador de la extensión de los valores del budismo en el conjunto de los sectores de la vida cotidiana.

Según las ideas que propone en papel, un budista puede, o *debe*, involucrarse en la vida política, económica y civil con el fin de concretar un ideal de sociedad justo e igualitario, incluso a costa de oponerse a las estructuras establecidas. La situación política, económica y social de su país lo necesita urgentemente. Por lo tanto, su objetivo consiste en terminar con la guerra, promover los derechos del hombre y ayudar a las víctimas del desastre de origen natural o humano sobre las bases de la fraternidad, la cooperación y el amor.

En vista del sufrimiento que reina a su alrededor en Vietnam, donde el pueblo se compone en su mayoría por ciudadanos pobres, poner en práctica las enseñanzas de Buda para mejorar la vida de cada uno le importa tanto que le apena la actitud cerrada de su jerarquía.

Desde hacía algunos años, la vía de la no violencia que predicó Gandhi en la India, resonaba en todo el mundo. En Vietnam, Thay es muy sensible a estas novedades. La victoria del pueblo indio sobre sus amos por medios pacíficos abre nuevos horizontes para un joven budista capaz de sacrificar su vida con tal de no recurrir a la violencia. Espera que, quizá, Vietnam conozca una renovación espiritual de ese tipo, una reapropiación de su identidad gracias a sus valores más nobles.

Su toma de conciencia y sus elecciones, que se atreven a plantear una visión nueva sobre los sutras budistas, atizan también las envidias y alejan al joven monje del monasterio. En lugar de aceptar la opresión, renueva las verdades que están contenidas en los textos sagrados.

Hojas fragantes de palma

Thay busca poseer más argumentos para oponerse, en su propio campo, a la ideología alienante de la cultura colonial. Desea completar sus estudios de los grandes maestros chinos bajo los preceptos de la filosofía moderna.

Estas ideas innovadoras proponen unir la tradición secular con una enseñanza europea, cuyo aporte será la enseñanza de la filosofía, las ciencias y las lenguas. Esto no tarda en desagradar a la jerarquía conservadora de su monasterio y sus ideas lo llevan ser considerado un agitador, un "traidor" a la memoria de sus pares, acusado de sembrar las semillas de la disidencia al cuestionar las tradiciones. Thay tiene un diario al que confía los estados de su alma.

> Todos sufrimos a la vez la situación de nuestro país y el estado del budismo. Intentamos volver a las fuentes del budismo para responder a las aspiraciones de las personas, pero no tuvimos éxito.[24]

Dar una dimensión a la vez concreta y renovada de la compasión le importa más que todo el resto. Sin embargo, para ello, la primera etapa consiste en atreverse a sacar la sabiduría profunda del budismo de los muros de los monasterios. Finalmente, con apenas 30 años cumplidos, Thay abandona el templo con el corazón acongojado, con lo desconocido como única perspectiva.

Lo rodean algunos de sus amigos que comparten su percepción de la angustia de su país. En su diario expresa sus tormentos interiores:

> Nos sentíamos perdidos. Nuestra oportunidad de ejercer una influencia en dirección del budismo se había desvanecido. La jerarquía era sumamente conservadora. ¿Qué oportunidad teníamos nosotros de realizar nuestros sueños, nosotros que éramos jóvenes sin posición, sin bases y sin un centro?

---

[24] Thich Nhât Hanh, *Feuilles odorantes de palmier. Journal 1962-1966*, La Table Ronde, 2000.

En una gran pobreza, pero con la necesidad imperiosa de actuar en el espíritu, ve la luz de la nueva orientación que dará a su vida de monje. En el otoño de 1956, pide consejo a una monja, llamada hermana Dieu, y le confía su necesidad de encontrar una ermita donde él y sus acompañantes puedan vivir. Ella le propone el bosque de Pruniers donde ella vive, a cambio de que ella vaya a Hué. Como no acepta la idea de desalojar a esta hermana, anciana y muy querida, optan por el bosque de Dailao. Ahí, como homenaje a la hermana Dieu, bautizan el puente que une el bosque y el monasterio "puente de Pruniers".

El lugar está retirado en la cima de una montaña, en las inmediaciones de Saigón. En agosto de 1957, intercambia con los viejos montañeses la suma de 140 dólares, bastante sustanciosos para esa época, por una parcela de 30 hectáreas. Thay firma como "Nhat Hanh" los papeles oficiales. Algunos años más tarde, los comunistas se lo reprocharán.

Es el inicio de una experiencia de renovación espiritual y de vida en comunidad. Celebran esa libertad redescubierta y saborean la práctica de un budismo más cercano a sus aspiraciones. "Nuestros numerosos fracasos habían minado un poco nuestra fe. Sabíamos que necesitábamos un lugar para curar nuestras heridas, reencontrar nuestra energía y prepararnos para nuevas iniciativas".[25] El pequeño grupo bautizó el lugar como "Phuong Boi", que significa "Hojas fragantes de palma".[26]

---

[25] *Ibid.*

[26] *Phuong* significa "fragante", "raro" o "precioso" y Boi designa a las hojas de una cierta palmera sobre las que estaban escritas las enseñanzas de Buda en tiempos antiguos.

Consagran el tiempo a actividades de construcción, de agricultura y a trabajos artesanales marcados por momentos de meditación y de ceremonias, como ceremonias cortas para expresar su gratitud alrededor del altar dedicado a Buda. Es una vida simple, por no decir ruda, pero cada uno dispone de su tiempo a su manera y puede abandonarse a momentos de contemplación en un presente que les parece eterno.

El monje zen va a cambiar su túnica eclesiástica café por una vestimenta más adecuada para las actividades rústicas de su nueva vida; no tienen tiempo para rasurarse porque hay muchas cosas interesantes que hacer: "En Phuong Boi no había reglas de vestimenta. Usábamos sombreros, las botas que nos gustan y todo tipo de cinturones. A veces, al verme en un espejo, me daba cuenta de que parecía un indigente",[27] confía en su diario con un tono mordaz.

Retirado de la cacofonía embriagante de la sociedad, Thay vive experiencias de profunda unión con la naturaleza. Las noches de luna llena y el bosque que crece a su alrededor le confían sus secretos, las lluvias le transmiten su fuerza vital.

> Ayer me arrodillé frente a la ventana para escuchar la sinfonía de la lluvia, de la tierra, del bosque y del viento. La ventana estaba abierta y no la cerré. Sí, me arrodillé, con la cabeza inclinada, lleno de respeto y dejé que la lluvia me mojara la cabeza, el cuello y la túnica. Me sentí bien, pleno.[28]

Cuando la naturaleza le ofrece la energía de su verdad indómita, el joven monje zen la recibe con todo su ser.

---

[27] Thich Nhât Hanh, *Feuilles odorantes de palmier, op. cit.*, p. 36.
[28] *Ibid.*

Thay conservará esa relación privilegiada con el cosmos como algo precioso durante su vida entera, como un lazo inspirador entre sus reflexiones y sus elecciones.

> Hoy respondo al llamado del cosmos aunque de una manera diferente [...] imaginen un ser cuya madre hubiera muerto desde hacía 10 años y que, de repente, escucha que su voz le llama. Eso fue lo que sentí cuando escuché el llamado del cielo y de la tierra.[29]

El paralelo 17

En 1954, la Guerra de Indochina se saldó con la derrota de Francia en Dien Phu y los acuerdos de Ginebra. Entonces, una vez más, los vietnamitas creyeron que habían obtenido el derecho a la autodeterminación. Sin embargo, no fue más que una batalla. El país se dividió en dos. Durante cinco años, las fuerzas del norte y del sur tratarán de imponerse, separadas por el paralelo 17, una tregua efímera, una línea de demarcación provisional entre las zonas del norte y del sur, como en Corea.

El noreste está bajo el control de Viet-Minh y del ejército popular vietnamita, bajo la dirección del célebre presidente Ho Chi Minh. El sur, donde se replegó el cuerpo expedicionario francés en el extremo oriente, tendrá un gobierno nacionalista.

Un referéndum debía tener lugar dos años más tarde en todo Vietnam con el fin de que el pueblo pudiera decidir su porvenir. Sin embargo, el presidente estadounidense Dwight D. Eisenhower frenará la idea, por temor a que el carismático líder de Vietnam del Norte

---

[29] *Ibid.*

Ho Chi Minh ganara con 80% de los votos y reunificara Vietnam.

Desde ese momento, están en marcha otros desafíos. Vietnam se prepara para sufrir sobre su territorio el enfrentamiento de dos superpotencias de ideologías antagónicas. Cada una funda su legitimidad en grupos y partidos políticos locales.

Tan enfrentados a otros pueblos como al suyo, los comunistas no se imponen solamente como animadores de una guerra de liberación en el sur y los dirigentes de la resistencia a la agresión imperialista en el norte. También están a la cabeza de un Estado, la República Democrática de Vietnam, que se planteó como objetivo la edificación del socialismo.

Cambiar para cambiar el mundo

Thay y sus amigos continúan su experiencia comunitaria mientras permanecen en contacto con el extranjero, donde se desarrollan experiencias comunitarias y socialistas.

En el sudeste de Asia, durante el periodo posterior a la Segunda Guerra Mundial, nacen numerosas iniciativas inspiradas por la sabiduría del budismo. Entre 1956 y 1966, millones de indios "intocables" se refugiaron en el budismo, reconociéndolo como una tradición de igualdad y una vía de liberación contra el sistema de castas hindúes. En Sri Lanka, los campos de voluntarios del movimiento Sarvodaya Shramadana aplican los principios del budismo tradicional para reducir la pobreza rural.

En la atmósfera de Phuong Boi, Thay pasa muchos momentos de conversación con sus amigos, Man, Hien, Huong, Tue y Hung, sobre el sentido que desean darle al budismo comprometido. El sufrimiento colectivo hizo nacer entre ellos un sentimiento de responsabilidad universal, porque la guerra azotaba de nuevo su país. ¿Cómo aplicar el amor-compasión, el camino del dharma o la conciencia plena para responder a los desafíos del mundo? Comprenden que los partidarios de la guerra siempre encontrarán justificaciones para sus acciones, por lo que buscan crear una cultura de la paz en la que no exista la opción de la violencia.

> Cuando se ama a alguien, se está inquieto por él o por ella y se quiere que esté seguro cerca de uno […] entonces, cuando Buda observa el sufrimiento sin fin de los seres vivientes, debe sentirse profundamente preocupado. ¿Cómo, en estas condiciones, podría contentarse con quedarse sentado sonriendo? […] Un médico que conoce bien el estado de su paciente no se queda sentado y obsesionado como lo hace la familia, por millones de explicaciones diferentes y por la angustia. Sabe que su paciente va a curarse y es por eso que sonríe mientras el paciente sigue enfermo. ¿Cómo podría yo explicar la verdadera naturaleza de la gran compasión, *mahakaruna*?[30]

Thay elige ubicar la meditación y las enseñanzas del Buda Sakyamuni en el corazón de la realidad. Por lo tanto, ignora que el budismo comprometido va a convertirse, algunos años más tarde, en una fuente de inspiración para los contestatarios de la guerra, más allá de las fronteras de Vietnam.

Las relaciones entre el poder político y el poder espiritual se han extendido desde hace muchos siglos en Vietnam, y han obtenido buenos frutos. Del siglo xi al

---

[30] Thich Nhât Hanh, *Feuilles odorantes de palmier*, 11 de mayo de 1966, La Table Ronde, 2000.

XIII, ciertas acciones revelaron la pertinencia de reunir un poder político y un poder espiritual.[31] En 1010, por ejemplo, los chinos renunciaron a una tentativa de invasión gracias a la intervención, a través de la familia real de Vietnam, de un maestro budista de nombre Van Hanh. Éste fue célebre por sus acciones no violentas. Después, entre 1895 y 1898 y en la década de 1930, algunos monjes budistas apodados "la guerra de los monjes" se opusieron al gobierno colonial francés. En este periodo aparecieron las discusiones en torno al concepto de budismo comprometido —*Nhap Gian Phat Gia*— y empieza a abrirse camino a la idea de un budismo como "religión nacional".

Thich Nhat Hanh reconocía la influencia en su sendero de los escritos de Taixu[32] —un monje budista chino cuya experiencia fue también la del anarquismo y el socialismo—, que se difundieron muy pronto en Vietnam.[33] Numerosos temas que podría pensarse que son nuevos actualmente eran el centro de su reflexión, entre ellos, la mundialización y el estancamiento de la técnica o las desigualdades sociales.

Entre el budismo y el marxismo, el reencuentro resonó en un primer momento como una obviedad. Los valores sociales del marxismo y más aún el socialismo,

---

[31] Sallie B. King y Christopher S. Queen (eds.), *Engaged Buddhism: Buddhist Liberation Movements in Asia*, Albany, State University New York Press, 1996.

[32] A falta de traducción disponible, la obra monumental del chino Taixu (1890-1947) ha permanecido desconocida en Occidente. Sin embargo, este monje debe considerarse el primer teórico de un budismo socialmente comprometido. Entre sus influencias, los autores anarquistas lo han revelado como parte determinante de los cambios estructurales e institucionales en toda transformación social.

[33] Éric Rommeluère, *Le Bouddhisme engagé*, Seuil, 2013.

se unieron con el altruismo budista. La lectura de Carlos Marx y los teóricos de los movimientos socialistas y anarquistas fue una orientación determinante para numerosos lectores: el proyecto de sociedad comunista les recordaba el modelo comunitario propuesto por Buda.[34]

En Vietnam, la enseñanza de Buda es un fermento de la cultura. Para los monjes y la población representa también un fuerte compromiso. Sin embargo, el movimiento comunista, en el espacio de tres breves décadas, obtuvo un éxito tan fulgurante que se convirtió en la fuerza política más dinámica. En el ejercicio del poder, detectó en el budismo un competidor potencial. Aunque en el plano de las ideas estuvieron de acuerdo desde el principio de los años 60, en el plano político no dejó de crecer la animosidad de las fuerzas comunistas con respecto a los monjes budistas.

En el transcurso de los años, fueron raras las comunidades budistas en Oriente que se atrevieron a cuestionar los sistemas políticos. Al comprometerse con el mundo, el monje se expone a los valores que dominan el mundo de quienes debían protegerlo en su reclusión monástica. La complejidad de las sociedades contemporáneas es una imposición desmedida. Obliga a que numerosos budistas se cuestionen las cadenas de causas y efectos de sus acciones.

En Vietnam, la situación social, económica y política del país es tal que despierta cuestiones existenciales en numerosos budistas. En lenguaje budista, los obliga a tener una mayor conciencia en cuanto a los resultados de cada uno de sus actos, porque éstos tienen consecuencias en el universo entero. En el contexto de la

---

[34] *Ibid.*

guerra, la neutralidad va a volverse imposible, pues el poder establecido podría asimilarla como una forma de complicidad con los opositores. La guerra obliga a los budistas a elegir un campo, y tiene que reinventarse el campo de la paz.

El encuentro entre un Occidente que busca la libertad en el exterior, con el objetivo de la emancipación material o social —en el caso del comunismo—, y un Oriente para el que la libertad no se encuentra en ninguna parte más que en sí mismo, es prometedor.

En vista de las situaciones de tensión extrema que conmocionaron el siglo xx, ninguna de estas posturas parece satisfactoria. Los objetivos y las doctrinas comunistas, en apariencia laudables en sus aplicaciones, se dificultan al contacto con el hombre, por sus tendencias negativas y la violencia que parecen ser condiciones inherentes a él. Cuando los defensores de las ideologías de todo tipo observan el problema de la violencia gobernando los actos de aquellos a quienes gobiernan, hacen gala de una violencia aún más grande sin admitir ninguna oposición, por lo que dan a luz un totalitarismo. Pese a ello, el corazón del budismo consiste en transformar esas mismas tendencias negativas en fuerzas positivas.

En la década de 1950, el joven monje zen está lejos de sospechar que haciendo más accesible la sabiduría budista a los habitantes de Vietnam, está en camino de comenzar su difusión a una escala más grande. Pronto, en tanto el conflicto vietnamita tome una dimensión mundial, el mensaje de Thay conocerá una audiencia internacional.

La conciencia en acción

La enunciación de "budismo comprometido" marca una etapa esencial de su camino. En los años siguientes, el movimiento no va a dejar de tomar importancia hasta convertirse, entre 1963 y 1975, en la cuna de la lucha no violenta de los budistas contra la Guerra de Vietnam. Cambiarse a uno mismo y cambiar el mundo van a convertirse en dos caras de un mismo objetivo. Encarnando esta transformación, el destino de Thich Nhat Hanh se teje gracias al hilo de la conciencia, de la compasión y de la acción, en preparación a la apertura de una nueva manera de ser en el mundo.

Thay se convirtió en uno de los primeros "*bhikshus*" en comenzar, fuera de los cursos religiosos, estudios de ciencias en la Universidad de Saigón. Él y sus amigos deseaban proponer una alternativa económica y social a los vietnamitas.

Thich Nhat Hanh inicia, a principios de la década de 1960, un viaje de estudios en varios países, principalmente en India y Filipinas, para familiarizarse con las prácticas que se realizan para ayudar y estimular el desarrollo comunitario. En la India conoce al doctor Ambekar.[35] Y mientras en Bombay se congregan 500 000 intocables, este intocable de nacimiento, que posteriormente será elegido miembro del Parlamento Indio, le transmite los Tres Refugios y los Cinco Entrenamientos de la plena conciencia de Buda.

---

[35] Apodado Babasaheb, Ambekar es un jurista y político indio. Es el redactor principal de la Constitución de la India, líder de los intocables e iniciador de la renovación del budismo en India.

Semilla de bodhisattva

Un sábado de mayo de 1961, en el calor envolvente de
Saigón, una joven se abre camino en el desorden indes-
criptible de las carretas y las bicicletas. Es feliz. Lleva ca-
bello castaño largo y muestra un aire decidido. Quizá
sea la sensación del trabajo cumplido: divide su tiempo
entre la universidad, donde estudia biología, y los barrios pobres de Saigón. Desde los 13 años puso la energía
de su juventud en el consuelo de los menos favorecidos.
Uno de sus maestros, admirado por la energía que exhibe
la joven en el servicio hacia los demás, le dice que gracias
a sus virtudes va a reencarnar en una princesa. Pero a ella
no le importa convertirse en princesa. Nada le importa
más que consolar y ayudar a los más vulnerables.

Ese fin de semana, como recompensa a sus esfuerzos, asiste a los barrios pobres de Saigón a recibir las
enseñanzas de Thay. Su corazón está lleno de una impaciencia alegre por la idea de beneficiarse de la presencia
del maestro en un pequeño círculo, así como de recibir el rico conocimiento del dharma que va a alimentar
a su ser. Los cursos de Thay pudieron convencerla y la
hicieron echar una mirada nueva sobre la práctica budista. Desde que conoció al maestro zen, hace dos años,
mantienen una correspondencia regular. Su aliento la
fortifica. Muchos otros estudiantes se inspiraron en su
ejemplo y su actividad para ayudar a los habitantes de
los barrios pobres. Cuidan a los enfermos e instauran
cursos de alfabetización para adultos. A los niños les
ofrecen vestido, comida en un restaurante y una visita
al zoológico.

La primera vez que ella asistió a una sesión semanal
sobre budismo dirigida por Thay en el templo Xa Loi

de Saigón, quedó subyugada por su sabiduría y profundidad. Ella piensa que el budismo puede brindar otra dimensión a las actividades sociales que realiza. A través de las publicaciones, él le escribe sobre lo importante que es una compasión sincera para llevar a buen fin los proyectos, y desea sostener varios programas de desarrollo de los pueblos "para mostrar que el cambio puede basarse en el amor, el compromiso y el sentido de la responsabilidad".[36]

Entre mayo y septiembre de 1961, trece estudiantes recibirán las enseñanzas de Thay. De ahí saldrán unidos como trece hermanos y hermanas, más determinados que nunca a poner en acción su comprensión del budismo. Con modestia, van a crear una escuela, apoyándose mutuamente, de la que nacerá una *sangha*[37] bautizada como "Los trece cedros".

La relación entre Thay y la joven, que todos llaman "Phuong" y que hasta la década de 1980 se llamará hermana Chan Khong, será indefectible. Thich Nhat Hanh le dará la inspiración y alimento espiritual, y a cambio ella pondrá su temeridad y su sentido de organización al servicio de los demás. Juntos esparcirán el néctar de la comprensión y la compasión. Sus ingredientes serán la conciencia, la compasión y la acción.

Todo comienza con la conciencia. Sin ella, nada puede cambiar, transformarse o surgir. La conciencia es la guía interior que permite probar la dimensión de la vida, a la vez delicada y plena, más completa. Es por ello que Thich Nhat Hanh, como Buda antes que él, propone la

---

[36] Hermana Chan Khong, *La Force de l'amour*, Albin Michel, col. Espaces Libres, 2008.

[37] La *sangha* es la "comunidad" de los discípulos de Buda.

práctica de la conciencia plena, por medio de los Cinco Entrenamientos: el respeto a la vida, la generosidad, la responsabilidad sexual, la escucha profunda y la palabra amorosa; una combinación razonable.

A medida que uno profundiza y practica estos Cinco Entrenamientos, desarrolla una conciencia más grande y la vida exhibe su resplandor. El que medita penetra en una dimensión vasta y clara, su bienestar se expande así como el de los seres vivos alrededor suyo, deja de *buscar* la belleza en el exterior, en un impulso de la voluntad, porque ante sus ojos se revela a cada instante. La traducción misma del término "conciencia plena" hoy se discute y se habla igualmente de "presencia atenta".

No soy diferente del mundo

El bodhisattva Avalokiteshvara era un discípulo de Buda. Un día, mientras se concentraba en la comprensión profunda, tomó conciencia repentinamente de que todo carece de un ser separado. Al verlo, superó la ignorancia, es decir, el sufrimiento.[38]

El budismo comprometido es una invitación a superar las barreras mentales que nos separan de los otros. Quien vuelve la mirada hacia el interior, percibe que el mundo exterior no es diferente de él mismo, su espíritu va más allá del mundo de las apariencias, de las separaciones y las divisiones. Sus dificultades no le son propias, no le pertenecen, millones de personas en el mundo atraviesan por las mismas pruebas, las mismas dudas. Y todos buscan, conscientemente o no, el bienestar.

Esta comprensión permite una empatía profunda con todos los seres: la gran compasión. En sus enseñan-

---

[38] Thich Nhat Hanh, *Il n'y a ni mort ni peur,* Pocket, *op. cit.*

zas, Thich Nhat Hanh se identifica con el asesino o con el traficante de armas tan bien como con las víctimas de la guerra.

> Sin darnos cuenta, muy a menudo nos comportamos como nuestro padre. Sin embargo, pensábamos que éramos su opuesto. No lo aceptamos. Lo odiamos. Si uno no lo acepta, uno no puede aceptarse a uno mismo [...] Pensamos que él no es nosotros. Pero, sin él, ¿cómo habríamos podido existir?[39]

La comprensión del otro es esencial. ¿Cómo concebir la reconciliación sin comprensión? Tratar de comprender al otro nos lleva a recoger información sobre su manera de ser, actuar y pensar. En la vía de la curación es indispensable trabajar en la comprensión e informarse sobre el otro. Es el camino hacia la verdadera compasión. Diferente de un sentimiento o de una emoción repentina, la compasión es un trabajo de cada instante.

Los cambios auténticos con frecuencia son discretos

"Una vez que se haya visto, debe actuarse", escribe Thich Nhat Hanh. Según el maestro zen, trabajar en favor de la paz significa practicar la comprensión del otro y de sí mismo, practicar la mirada profunda, hacer consciente la respiración y todas las cosas que se cultivan cada día.

Estas acciones pueden parecer leves, incluso ínfimas, en comparación con las demostraciones de las fuerzas militares de las grandes potencias del planeta. No obstante, en esos momentos cuando el cuerpo y el

---

[39] Thich Nhât Hanh, *La Colère. Transformer son énergie en sagesse,* Pocket, 2004.

espíritu sobrepasan los métodos automáticos de la rutina y cuando poco a poco se pierde la conciencia, nacen los cambios profundos y perdurables. Los verdaderos milagros suelen ser discretos. Además, los pensamientos emiten una energía, igual que las plegarias; es por ello que cultivar pensamientos positivos, así como emitir la intención de una transformación interior positiva, son actos que contribuyen a alimentar ese campo de energía invisible pero accesible a nuestra conciencia, siempre que se reúnan las condiciones para conectarse con ella.

Quien sepa reconocer su sufrimiento interior está en capacidad de comprometerse con un trabajo de transformación. Por eso Thich Nhat Hanh habla de un cambio "real". La enseñanza budista ofrece prácticas que permiten realizar este trabajo y el papel de Thay consistió en hacerlas accesibles para un mayor número de personas. Finalmente, el que medita se da cuenta de que no existe diferencia entre el mundo en sí mismo y el mundo a su alrededor. Thich Nhat Hanh nos brinda con ello uno de los secretos de la existencia: saber que la transformación interior hace que se presenten las vibraciones en el ambiente exterior. Tenzin Gyatso, el decimocuarto Dalái Lama, confirmó que Thich Nhat Hanh nos mostraba cómo utilizar los beneficios de la conciencia plena y la meditación para transformar y curar los estados psicológicos difíciles; que nos mostraba la conexión que existe entre nuestra paz interior, personal, y la paz sobre la Tierra.

Durante esos años demasiado cortos que pasa al margen del mundo y como maestro, la situación política de Vietnam se deteriora más aún. El gobierno de Diem, en el sur, está financiera y militarmente sostenido por Estados Unidos. Los sucesivos presidentes estadounidenses,

Eisenhower, Kennedy y después Johnson, temen que el comunismo se propague en el continente asiático, en particular en los países vecinos,[40] Laos y Camboya.

Por consiguiente, Diem, con el apoyo estadounidense, lanza una campaña contra los comunistas. Las actividades que se sospecharan de carácter comunista eran condenadas a penas de prisión e incluso de muerte. Por ello, su gobierno se vuelve tan poco popular que una parte del sur de Vietnam elige apoyar a los comunistas, lo que da origen en 1956 a un movimiento de guerrilla en el sur llamado Frente Nacional para la Liberación. Este movimiento que comúnmente se conoce con el nombre de Vietcong, dirigido por Ho Chi Min, utiliza propaganda militar para presentar la batalla. Esta violencia dirigida se destina inicialmente a los hombres políticos y después desarrollará el objetivo de reunificar los dos estados.

Después de algún tiempo, Thich Nhat Hanh y sus amigos son vigilados por las autoridades que no aprecian en absoluto los escritos y las críticas de Thay a la política del régimen. En Saigón, la atmósfera cada vez es más especial, el miedo va ganando terreno. Se ven obligados a abandonar Phuong Boi y pronto se dispersan a todos los vientos. Parece que los tiempos benignos de alegrías simples y de plegarias se terminaron. Mientras tanto, en septiembre de 1961, Thich Nhat Hanh recibe el ofrecimiento de un puesto como investigador en estudios de las religiones comparadas en la Universidad de Princeton en Estados Unidos, y acepta.

---

[40] Este temor se basa en la "teoría del dominó", teoría estadounidense según la cual el vaivén ideológico de un país en favor del comunismo será seguido por el mismo cambio en los países vecinos.

El paréntesis encantado: dos primaveras en Estados Unidos

Princeton, Nueva Jersey. Occidente es uno de los enclaves de la paz donde parece reinar sólo la quietud y el bienestar. Las universidades le ofrecen algunos años de respiro a su espíritu antes de sumergirse en el mundo.

De 1961 a 1963, el periodo de Thich Nhat Hanh en Estados Unidos parece ser sumamente enriquecedor. En un primer momento estudia en la Universidad de Princeton, antes de ser nombrado profesor en la Universidad de Columbia. Esa temporada está acompañada por escalas neoyorquinas, durante las cuales saborea los deliciosos platillos especiados del único restaurante vietnamita de la ciudad. Este viaje también es la ocasión de perfeccionar su inglés, todavía incierto.

En el estado de Nueva Jersey, a orillas de la costa del Atlántico y a varios cientos de kilómetros de Nueva York, Thich Nhat Hanh saborea las alegrías de la contemplación. La naturaleza le procura momentos de meditación y de gracia.

En su diario[41] relata estas jornadas en que el cielo, de un azul puro iluminado por la luz benefactora del sol, es suficiente para alimentarlo por completo:

> Llevé algunos libros conmigo pero no encontré el tiempo para leer uno solo. ¿Cómo podría haber leído mientras el bosque estaba tan tranquilo, el lago tan azul y los cantos de los pájaros tan límpidos?[42]

---

[41] Thich Nhât Hanh, *Feuilles odorantes de palmier, op. cit.*

[42] *Ibid.*

A través del bosque, la naturaleza le ofrece la alegría de sentirse conectado con su "verdadero yo". La belleza de la naturaleza es una fuente de despertar, pero requiere mantener la mirada correcta para verla y apreciarla. La mirada del meditante vietnamita reconoce cada porción de luz, capta cada variación de tono en los paisajes y su corazón se regocija en ello:

> El parque de Riverside debe ser hermoso en este momento. Princeton siempre es magnífico en el otoño. Tenía la costumbre de pasear por el estrecho camino de hierba verde esmeralda. El aire es tan fresco y vigoroso en esa época del año. Con la menor brisa, las hojas caen de los árboles y nos acarician los hombros. Algunas son doradas y otras rojas como el rojo de los labios. Hay una variedad increíble de colores. Las hojas que caen son una alegría para los ojos.[43]

Para él, la naturaleza es esencial, vivir a su ritmo le ofrece una profunda alegría. Es verdad que extraña su Vietnam natal; sin embargo, el contacto con la naturaleza estadounidense evoca en él los lugares donde vivió.

Sus últimos años en Vietnam estuvieron marcados por conflictos desgarradores. Thich Nhat Hanh tuvo que oponerse a sus superiores mientras el país se dividía al punto de que las perspectivas de reconciliación se veían inexorablemente lejanas. Numerosos monjes sufrieron la vigilancia de las autoridades políticas. Quizá lo más fatigante fue el cuestionamiento interior sin fin sobre el sentido y el fundamento verdadero de su acción.

En varios niveles, estos dos años serán benéficos para él. En el plano espiritual, la soledad relacionada con su condición de extranjero le ofrece maravillas inagotables:

---

[43] *Ibid.*

el conocimiento del ser profundo, después lo que dimana de él, como la comprensión del verdadero valor.

Sus acompañantes son respetuosos y lo llenan de atenciones, pero Thich Nhat Hanh se aísla en su habitación de Nueva York, después de Princeton; él, que amaba tanto la presencia de sus hermanos monjes y las conversaciones que tenían hasta tarde por las noches. Ahí, en medio de los inmensos edificios, su túnica marrón y su rostro impasible impresionan cuando no suscitan cierto desafío. Y después, sigue siendo un vietnamita cuyo idioma no puede escuchar en ninguna parte de Nueva Jersey ni del estado de Nueva York. A veces se pone a soñar con escuchar la melodía de su lengua natal. Aunque se reduce la espontaneidad del contacto con otros, este aislamiento lo abre a grandes experiencias espirituales al precio de momentos terribles que tiene que soportar. En el silencio, desarrolla una mayor escucha de sí mismo, profunda e intensa.

El mundo necesita héroes verdaderos

Ahora, mientras escribo en el corazón de una ciudad helada y frenética, siento que resurgen en mí un poco de aquellos deseos infantiles. El mundo no es diferente del que era cuando éramos niños. Aún espera con paciencia la aparición de héroes verdaderos.[44]

En el curso de su recorrido se revela poco a poco en Thay el arquetipo del héroe. El modelo ficticio típico de la infancia abre lugar a la condición del hombre de carne y hueso que soporta la vida de la realidad, compuesta de

---

[44] Thich Nhât Hanh, *Feuilles odorantes de palmier*, La Table Ronde, 2000, *op. cit.*

sombra y de luz. Un hombre que observa el sufrimiento y la cólera de frente, que se atreve a comprometerse con una sanación interior capaz de transformar lo negativo en positivo: la esencia del verdadero héroe.

Así, los últimos meses de 1962 están marcados por experiencias solitarias que, para algunos, parecen pruebas espirituales. Thich Nhat Hanh aprecia la enorme biblioteca de Princeton donde puede encontrar obras muy antiguas sobre el budismo. En la tarde del 1º de octubre, Thay estudia en la biblioteca. Se para frente a un estante y toma un libro, lo abre y aunque observa que el libro fue publicado en 1892, Thay solamente es la tercera persona que lo pide prestado. Toma conciencia de la naturaleza perenne y frágil de las cosas, de su propia persona. Esta verdad se revela con simplicidad.

> Comprendo que estaba vacío de ideales, de esperanzas, de puntos de vista y de convicciones. No tenía ninguna promesa que blandir contra los otros. En ese mismo momento, el sentido de mí mismo, en tanto que entidad de otras identidades, había desaparecido [...] si me golpean, me tiran piedras o incluso si me fusilan, todo eso que se considera como "yo" va a desintegrarse. Mientras aquello que realmente está ahí va a revelarse por sí mismo, sutil como el humo, inasible como el vacío, sin ser por tanto el humo o el vacío, feo y, sin embargo, no feo, hermoso y, sin embargo, no hermoso.[45]

Noche de éxtasis

La noche del 2 de noviembre siguiente, Thich Nhat Hanh saborea el éxtasis de la lectura de los últimos días del filósofo y teólogo alemán Dietrich Bonhoeffer. Éste

---

[45] *Ibid.*

se convirtió después del 30 de enero de 1933, cuando el mariscal Hindenburg abandonó el poder para dejárselo a Hitler, en el primer teólogo protestante alemán que vio en la persecución de los judíos el objetivo crucial del combate de la fe contra el Estado nazi. Detenido por los nazis, fue condenado al ahorcamiento junto a otros sentenciados el 9 de abril de 1945. Dejó un testimonio publicado en Francia bajo el título de *Resistencia y sumisión*.

El testimonio de este valiente alemán eleva al joven monje, que tiene casi la misma edad que Bonhoeffer en el momento de su muerte, a la cumbre de la alegría y el amor.

> Sentí un impulso de alegría y la certidumbre de que sería capaz de soportar incluso sufrimientos tan grandes que no los habría creído posibles. Bonhoeffer fue la gota que hizo que se rebozara mi vaso, el último eslabón de una larga cadena, el aliento de aire que hizo caer el fruto maduro. Después de la experiencia de esa noche, jamás volví a compadecerme de la existencia. El valor y la fuerza crecieron en mí, y vi mi espíritu y mi corazón como flores.[46]

Después de esta experiencia, Thay medita sobre los seres de paz y de compasión, los bodhisattvas. Aunque la indulgencia de un bodhisattva es oída por todos los seres, prodiga a los hombres las más grandes riquezas espirituales. ¿Qué hay más precioso que la energía, la fuerza, la confianza y los alientos? Así, algunos de ellos se describen como "aquel que no denigra jamás" o incluso como "aquel que sostiene la tierra".

---

[46] *Ibid.*

El mismo año, el 23 de diciembre de 1962, Thay está solo en Nueva York en el departamento que comparte con Steve, su compañero estudiante de lenguas orientales, con quien entretejió un lazo de amistad. Esa tarde es el preludio de una tempestad interior que va a durar muchos días. Vierte las formas de la rigidez, de los condicionamientos, de confinamientos mentales con el fin de permitir que triunfe su ser profundo, liberado de la influencia de la sociedad. Este requerimiento de ser le exige renunciar a todo lo demás: a sus amigos, a la comodidad, a la opinión pública, a la moral y sus conceptos.

> Vivía destrucción sobre destrucción y sentía el ardiente deseo de estar con quienes amaba sabiendo que, si hubieran estado presentes, habría tenido que perseguirlos o huir de ellos.[47]

Sólo cuenta la victoria de su ser profundo:

> La cuestión es saber quién soy en tanto que persona [...] debo ser el que soy. No puedo cerrarme de nuevo en la cáscara que acabo de quebrar y eso es para mí la fuente de una gran soledad.[48]

Este impulso hacia la libertad es una cuestión de supervivencia. Lúcido, sabe que no puede escapar al movimiento ardiente de todo su ser que desea encontrar la verdad, o la sociedad conseguirá ahogarlo. Esta necesidad irreprimible de terminar con todas las formas de concesiones hace que nazca en él un deseo de destrucción. Con respecto a sus amigos, escribe:

---

[47] *Ibid.*
[48] *Ibid.*

> ¿Irán ellos, en nombre de la amistad, hasta a obligarme a volver sobre la tierra y a volver a sumergirme en el plan ilusorio de las viejas esperanzas, de los viejos deseos y de las viejos valores? [...] Es por eso que quiero quemar las viejas cabañas donde viven mis amigos. Quiero crear el caos para empujarlos a hacer estallar los caparazones que los encierran. Quiero romper las cadenas que los someten y derribar a los dioses que los tienen prisioneros.[49]

Como eco de la experiencia solitaria del valiente monje zen, algunos años más tarde, miles de estadounidenses vivieron la búsqueda de una existencia más libre en cuanto al orden social y una moral a la que apenas le encuentran sentido.

Igualmente, si ser él mismo requiere morir a todo el resto, la búsqueda de la verdad hace pesar sobre él una gran exigencia que finalmente le revela el verdadero sentido del valor:

> Una vez que hemos visto la verdad, no podemos seguir cubriéndonos de musgo como una vieja piedra, no podemos seguir interpretando el papel de un ser falso.[50]

Esta experiencia no deja de ser dolorosa para Thay, una experiencia que además él llama "combate". Durante el periodo siguiente, el combate lo deja casi mudo. Quizás estas experiencias prefiguran la estructura de fuerza y de carisma que va a distinguir al maestro cuando divulgue su mensaje de paz alrededor del mundo. Presagian en todo caso el camino fuera de las normas, el de un héroe.

> Sí, pensé, observé a la bestia directamente a los ojos y la vi tal y como era. Soy como alguien que acaba de sanarse de una en-

---

[49] *Ibid.*

[50] *Ibid.*

fermedad muy grave y que vio a la muerte de frente. Me vestí, salí, caminé por Broadway, sediento del sol matinal después de tanta oscuridad. Los vientos de la tormenta por fin se habían dispersado.[51]

Thay vio surgir un nuevo amanecer.

Las religiones son hermanas

En el departamento de estudios surasiáticos de la Universidad, Thay se convierte en un notable profesor muy apreciado por sus alumnos. En 1961, presentó en la Universidad de Princeton un informe oficial sobre su visión del cristianismo, del judaísmo y del islam, en el que subraya cómo son cercanos los elementos fundamentales de esas diversas corrientes religiosas. También arroja luz sobre cómo el hecho de aprender a conocer las otras religiones ayuda a comprender su propia orientación espiritual y la práctica que es resultado de esta. En el mismo sentido, concibe cada vez más la unidad profunda que subyace al mundo de la realidad causal. Las enseñanzas prácticas y concretas del budismo le sirven como lazos para facilitar la tolerancia y evitar las discriminaciones.

Sus experiencias espirituales lo hacen saborear el paraíso. En su diario comparte una visión con base en una enseñanza de Cristo: "¿Cómo podría uno entrar al paraíso si no se convierte en un pequeño niño?"[52]

En el contexto de la posdescolonización, este reconocimiento del mensaje cristiano es admirable, testimonio

---

[51] *Ibid.*

[52] *Ibid*

de un espíritu liberado de su historia y de su vida personal. En efecto, Thich Nhat Hanh distingue el mensaje cristiano de la institución romana. De hecho, en el espíritu de numerosos vietnamitas, la Iglesia y sus misioneros estaban estrechamente relacionados con el opresor francés.

En 1963, Thay enseña estudios comparativos de las religiones en el programa de la Universidad de Columbia. Su conocimiento de las grandes corrientes espirituales y su carisma de maestro zen, que se aprecian vivamente, le valen un renombre importante. Sin embargo, una duda sigue intrigándolo. No se siente a gusto frente a los cuestionamientos de sus interlocutores sobre la verdad última. Efectivamente, es consciente de que sus respuestas siguen siendo librescas. No permiten dar seguimiento a verdaderas prácticas salvadoras.

Considera que el budismo, como los otros caminos, debe vivirse plenamente. Eso lo hace decir: "Buda y Jesús deben encontrarse a cada instante en nosotros".[53]

Thich Nhat Hanh sostiene abundante correspondencia con sus estudiantes. Phuong Cao Ngoc, la joven tan comprometida con el servicio social, ahora se encuentra en París. Realiza su tesis sobre las algas de agua dulce, y pronto se encuentra con él en Nueva York. En sus intercambios, él le explica que es posible encontrar la iluminación ayudando a quienes lo necesitan con la condición de actuar con conciencia plena. Le confía cómo el budismo es una oportunidad magnífica para contribuir de manera positiva con la sociedad y le promete su apoyo en sus esfuerzos. Él desea reunir a otras personas

---

[53] Thich Nhât Hanh, *Bouddha et Jésus sont des frères,* Éditions du Relié, 2011.

que comparten la misma visión y establecer ciudades que sean modelos de desarrollo, y que al mismo tiempo funden otros centros para trabajar sobre la educación, la agricultura y la salud.

Sentado con calma entre las llamas

Pronto, la meditación, la teoría y la enseñanza no son suficientes para llenar la existencia de Thay. La necesidad de ayudar, escuchar y consolar se hace imperiosa. Los ecos que provienen de Vietnam son alarmantes. A miles de kilómetros de ahí, desde hace algunos años de un descanso precario, el norte y el sur libran una lucha fratricida. Gracias a su abundante correspondencia con sus antiguos alumnos y amigos, permanece bien informado acerca de lo que sucede al interior del país.

> Nuestra patria está atravesando una tormenta devastadora. El régimen de opresión, que cuenta con su fuerza para satisfacer su avaricia, ha ocasionado demasiadas injusticias. El descontento no deja de crecer, lo que arroja cada vez a más hombres y mujeres hacia el Frente Nacional de Liberación. La injusticia, la opresión y la corrupción alimentan cada día más a la oposición. Es el gobierno el que crea cada día esta situación explosiva.[54]

La situación se enciende peligrosamente cuando el régimen de Ngó Dinh Diem, en el sur de Vietnam, pone en marcha medidas de represión religiosa con el objetivo de convertir a la población al catolicismo. Cuando las autoridades prohíben que se levante la bandera budista y la celebración de Vesak, el aniversario de Buda, una de las fiestas más populares del año, las manifestaciones

---

[54] *Ibid.*

son inevitables. La respuesta del régimen no se hace esperar, tanques cargan contra los manifestantes, asesinan adolescentes, y detienen y torturan a sospechosos de organizar los movimientos de intriga. Los monjes llaman a la libertad religiosa; los universitarios de Saigón y Hué dimiten a modo de protesta; 120 estudiantes comienzan una huelga de hambre y otros miles atiborran las pagodas. Varios monjes y monjas se inmolan por fuego, pero el régimen no deja de tirar contra la multitud en las manifestaciones que, a pesar de todo, se multiplican.

El 11 de junio de 1963, en señal de protesta contra los abusos del gobierno y la persistencia de esta represión, en el sur del país, en Saigón, Thich Quang Due, un monje budista anciano comete un acto poderoso y terrible. Después de vaciar petróleo sobre su cuerpo, se prende fuego. Sentado en flor de loto, su cuerpo se consume delante de los que pasan. La joven Phuong Cao Ngoc, que cruza la ciudad en su motocicleta, presencia la escena: "Lo vi, sentado con calma y valor en medio de las llamas. Resplandecía de paz mientras aquellos entre nosotros que estábamos presentes alrededor de él llorábamos y parecíamos abrumados".[55] En ese momento, surge en ella un compromiso profundo, el de "hacer algo para respetar los derechos humanos de una manera tan bella y pacífica como la de Thich Quang Due".[56] Esta inmolación provoca una ola de conmoción en el país. La imagen dará la vuelta al mundo.

Por su lado, Thich Nhat Hanh decide dar una conferencia de prensa en el Carnegie Hall, en Manhattan, donde anuncia su decisión de comenzar un ayuno de

---

[55] Hermana Chan Khong, *La Force de l'amour*, op. cit., p. 73.
[56] Artículo en *Lion's Roar*, de Andrea Miller, marzo de 2016.

cinco días que se completará con profundas meditaciones sobre la compasión y plegarias para que la libertad triunfe por fin sobre la tiranía. La academia budista estadounidense da su consentimiento para resguardar su acción espiritual. Su fiel amigo Steve lo apoya y le lleva un poco de agua fresca dos veces al día, mientras monta guardia frente los periodistas y los inoportunos.

En el plano político, desde varios meses antes, Thay alerta a varios delegados asiáticos de la Asamblea General de las Naciones Unidas, en particular al embajador de Tailandia, sobre los excesos del régimen totalitario que castiga el sur de Vietnam. Sugiere que se inscriba la cuestión vietnamita en el calendario de discusiones de la Asamblea.

En octubre de 1963, la ONU envía una comisión para investigar las brutalidades policíacas. Después de la inmolación por fuego de un nuevo monje, esta vez frente a la Catedral de Saigón, el dictador Diem finalmente es asesinado por sus propios oficiales el 2 de noviembre.

Uno de los líderes de la Iglesia Budista Unificada de Vietnam, Tri Quang, llama por teléfono a Thay y le suplica que regrese a Vietnam. Es una sorpresa, pues Tri Quang es un monje anciano que vive en Hué y se contaba entre la jerarquía budista hostil a los esfuerzos de Thay en favor del renacimiento del budismo. Ahora desea que se una a ellos en su lucha por poner fin a la guerra. Thay decide finalizar su periodo en Estados Unidos. Hace escala en París para visitar a algunos amigos budistas y después llega a la península para tratar de dar inicio a una posible reconciliación.

Después de sus experiencias solitarias, es un hombre nuevo que va a poner pie en la tierra de Vietnam.

Segunda parte

Una voz por la paz en la Guerra de Vietnam

El loto en el mar de fuego

18 de diciembre de 1963: el avión que transporta a Thich Nhat Hanh aterriza sobre la pista del aeropuerto Tan Son Nhat de Saigón. En el lapso de tres años, Vietnam se convirtió en el punto neurálgico de la Guerra Fría. De esa fecha a unos meses, el mundo entero tendría puestos los ojos en la estrecha península.

Entre 1960 y 1963, se reforzó el apoyo de Estados Unidos al régimen survietnamita. El presidente Kennedy, como sus predecesores, no logró distinguir el nacionalismo vietnamita del comunismo: permitir la victoria a Ho Chi Minh sería aceptar la avanzada del principal enemigo, la URSS, y no la reunificación legítima de un país dividido. Por otro lado, Estados Unidos ha estado presente en el sur de Vietnam desde hace seis años, y necesita probar que es capaz de llegar hasta donde el gobierno precedente no tuvo resultados decisivos.

Los campesinos son reclutados por las dos facciones rivales. El país está en pleno desconcierto, numerosos vietnamitas consideran que la presencia estadounidense no hace más que atizar el conflicto, porque sin su ayuda el régimen del sur habría caído desde hace mucho tiempo. Para los estadounidenses, una dificultad suplementaria importante es la implantación del enemigo en el seno de la población. Los consejeros estadounidenses son incapaces de distinguir un vietcong de un campesino y desconfían de todo el mundo.

Para la población vietnamita la guerra ha durado ya 10 años, después de casi 10 años más de conflicto contra los franceses. Hacia 1964, la guerra ya les parece interminable, aunque apenas están en el comienzo de un nuevo calvario.

Para la opinión pública estadounidense, el año de 1964 marcó justo el inicio de la guerra, con el consiguiente envío de tropas a Vietnam. En la primavera de 1964, menos de 50% de los estadounidenses habían oído hablar de Vietnam; en cuanto a los medios, aún trataban el lejano conflicto con un entusiasmo mezclado con patriotismo.

En esa época, los estadounidenses enviados a la zona ofrecen un espectáculo extraño y paradójico. Eran imperialistas con una buena conciencia superficial. Construyendo, enviando material militar y jactándose de liberar al pueblo vietnamita de la empresa comunista, estos benefactores públicos se encuentran, sin embargo, envueltos en el desmembramiento de una nación. Ponen en riesgo su salud por el calor aplastante e incluso su vida durante los asaltos a los vietcongs por los vietnamitas, que en realidad no los quieren.

En agosto de 1964, en el golfo de Tonkín, un buque de guerra de Estados Unidos es atacado por barcos nor-

vietnamitas. Era el pretexto que esperaban los estadounidenses para atacar el norte de Vietnam.[57] El 7 de agosto
de 1964, el Congreso vota por la Resolución del golfo de
Tonkín, lo cual autoriza que el presidente Johnson tome
todas las medidas necesarias en el sudeste de Asia. El
incidente constituye de hecho una provocación, incluso una trampa. El campo adversario, el norte, toma esta
resolución como una declaración de guerra. Kennedy
antes había enviado más de 16 000 "asesores militares"
para tomar el comando del ejército survietnamita contra
el Frente Nacional de Liberación del sur de Vietnam, o
Vietcong (FNL). Posteriormente, en 1965, inicia la operación *Rolling Thunder*.

En consecuencia, China y la URSS avanzan sus peo-
nes sobre el ajedrez vietnamita, enviando igualmente
asesores militares. Las grandes potencias están listas
para enfrentarse.

Escuchar el sufrimiento

Después de los dos años en Estados Unidos, años que
fueron de trabajo, lectura y enseñanza en un entorno de
paz y bienestar, Thay con gusto se sumerge de nuevo en
los ambientes, colores, olores y ritmos tan particulares
de su entorno natal. Sin embargo, rápidamente sus primeras impresiones se difuminan.

Thich Nhat Hanh constata el estado cada vez más
dramático en que se encuentra su país. Luego de haber
vivido en el modernismo estadounidense, de repente se
da cuenta de cuán subdesarrollado está el Vietnam de los
años 60. A pesar de algunos edificios levantados de mane-

---

[57] Se dice que estas acusaciones son falsas.

ra reciente en Saigón, su mirada no ve más que pobreza y desolación: algunos viejos sin dientes y mal vestidos por aquí, vendedores recogiendo lo último que les queda y que apenas tienen con qué sobrevivir por allá, o niños que juegan en medio de los escombros. Pero lo que más le impresiona es la multitud de refugiados que salieron del campo y de la guerra para resguardarse en condiciones sórdidas en el corazón de las ciudades, pues no pueden sufragar sus necesidades y revelan, sin ocultarlo, las circunstancias desastrosas de un país al borde del caos.

¿Cómo siente esta situación el corazón puro del monje zen?

> Multitudes de refugiados dejaron su campo para escapar de la guerra. Me sentía perturbado por esos espectáculos y me daba cuenta de que Vietnam estaba entrando en un momento desastroso de su historia. ¿Seríamos capaces mis amigos y yo de hacer algo para ayudar a los hombres a reencontrar nuevos caminos?[58]

La pregunta que se impone al monje zen es saber *cómo* ayudar. ¿Cómo pueden los campesinos salir de la miseria? ¿Cómo podría contribuir la enseñanza de Buda? ¿Cuáles son las acciones justas que hay que seguir? Son algunas de las interrogantes sobre las cuales concentra su espíritu en sus cotidianas caminatas meditativas.

La ley de la impermanencia

En la semana siguiente a su regreso, Thay no puede evitar pensar en Phuong Boi.

---

[58] Thich Nhât Hanh, *Feuilles odorantes de palmier, op. cit.*

El 27 de enero de 1964, con una mochila al hombro, deja la ciudad en camión para presentarse en el lugar donde conoció los días felices de su existencia. El conductor del camión se detiene al nivel de la autopista 190. Después de una breve caminata por el antiguo sendero, lo engulle un laberinto de vegetación. No queda rastro alguno del camino que trazaron sus pasos y los de sus amigos durante meses; la vegetación lo invade todo. Por fin llega al puente de Pruniers donde varias tablas están rotas. Cuando llega a la choza de la alegría de la meditación, contra toda esperanza, la encuentra en buen estado. "Alguien debía ocuparse de ella", piensa. Entonces, aparece delante de la choza su amigo Nguyen Hung, quien al enterarse del regreso de Thay a Saigón, fue especialmente a Phuong Boi a reparar y limpiar. Quería atenuar la impresión del estado de abandono y deterioro de ese entorno que todos habían querido tanto.

Thich Naht Hanh se entera así, por boca de Nguyen Hung, que cerca del puente de Pruniers fueron asesinados varios hombres. La guerra y la muerte no perdonaron a la montaña, su "patria espiritual", como la habían bautizado esos jóvenes budistas de un tiempo nuevo.

Algunos días después, acompañado por sus amigos, Thay decide volver ahí para una visita sencilla, y al salir son arrestados por soldados del gobierno; finalmente, son puestos en libertad unas horas más tarde. No volverán a poner un pie en Phuong Boi. El ciclo se cierra. La oscuridad de la guerra no perdona a nadie.

Las montañas y los ríos también sufren en silencio la guerra que cada vez se hace más violenta. No hay una criatura viva que no desee la paz. Esta guerra hiere la tierra y el corazón de todos. La imagen misma de Phuong Boi que reposa en nuestros corazones se ha vuelto una herida.[59]

La amplitud de la mancha es inmensa. Con humildad y atención, Thay escucha a sus amigos durante noches enteras narrar la terrible suerte de los campesinos, manipulados por fuerzas adversas. Sin embrago, también la actitud del monje budista, fría y distante, cegada por su posición de alto rango, pone en peligro el budismo mismo. Sus dignatarios recibieron propuestas de intelectuales y estudiantes que saben que las enseñanzas budistas pueden alentar y unir a los seres. Pero como respuesta obtuvieron un largo silencio.

Tras el levantamiento de los monjes en junio de 1963, entre quienes había gente cercana a Thich Naht Hanh, el budismo volvió a ganar popularidad entre la población. Aun así, los monjes no estaban listos para tomar el liderazgo y acompañar al pueblo hacia su libertad.[60] No estaban ni siquiera ingenuamente preparados. Una formación basada en la meditación, la lectura de los sutras y la recitación de mantras es inspiradora, pero en la situación de urgencia del país, tener una autoridad parece ineludible.

Thich Nhat Hanh piensa que los valores del budismo contribuirán de manera positiva y pacífica a descolonizar y después a preparar el renacimiento de Vietnam, así como Gandhi lo consiguió por medio de la no violencia en la India.

El monje zen propone entonces a la Iglesia Budista Unificada, la instancia oficial del país, un plan de tres puntos:

---

[59] *Ibid.*

[60] *Vietnam. The Lotus in a Sea on Fire*, Hill & Wang, 1967.

1. La Iglesia debe llamar públicamente al cese de hostilidades en Vietnam.

2. La Iglesia debe ayudar a construir un instituto para el estudio y la práctica del budismo con el fin de formar a los responsables del país en la práctica de la vía tolerante y abierta enseñada por Buda, que será de gran ayuda para la nación.

3. La Iglesia debe desarrollar un centro de formación de trabajadores sociales capaz de realizar un cambio social no violento inspirado en las enseñanzas de Buda.

Los ancianos de la Iglesia juzgan la proposición demasiado audaz y poco realista por parte de este "poeta utopista", como llaman al monje zen. Ciegos ante la gravedad de la situación, aceptan únicamente participar en la creación del Instituto búdico; para lo demás, argumentan que hacen falta recursos financieros. A esto, Thay responde:

"Buda nos ha enseñado a ser nuestra propia antorcha brillante para nosotros mismos. Nosotros podemos prescindir del dinero de Sri-lanka, Tailandia o Birmania, o del apoyo de los comunistas o de los no comunistas. Simplemente tenemos que ser las antorchas y brillar por nosotros mismos".[61] No todos comparten las luces y la visión de Thay. Una vez más, pierde el precioso apoyo de los oficiales con quienes contaba. ¿Quiénes son aquellos que encontraron el valor y la energía para seguirlo?

La conciencia plena entre las balas

La prensa estadounidense los bautizó como "Little Peace Corps", que significa "pequeño cuerpo de volunta-

---

[61] Hermana Chan Khong, *La Force de l'amour*, *op. cit.*

rios por la paz". Desde la primavera de 1964, pequeños grupos de voluntarios surcan las 42 provincias de
Vietnam para ayudar a las poblaciones bombardeadas,
poniendo en peligro su vida. La mayoría son jóvenes y
estudiantes. Actúan bajo el liderazgo de la Escuela de la
Juventud para el Servicio Social (EJSS).

La EJSS fue creada bajo el impulso de Thich Nhat
Hanh y algunos de sus amigos. Se orienta hacia todas
las voluntades vietnamitas resueltas a favor de la paz con
el fin de reunirlas. La Escuela está vinculada con la Universidad Van Hanh y pretende ser un ejemplo concreto
del "budismo comprometido": una verdadera infraestructura del "héroe" que va a dar vida al mundo rural
vietnamita, económicamente, pero también mediante
la instauración de programas sencillos para combatir
la pobreza, la enfermedad y la ignorancia, todo en un
regreso a los valores espirituales auténticos. Los voluntarios también están preparados para "morir sin odio",
si eso llegara a ocurrir. El monje zen los alienta con sus
escritos:

> Nuestros enemigos son la cólera, el odio, la avidez, el fanatismo
> y la discriminación contra las personas. Si mueres a causa de la
> violencia, tienes que meditar sobre la compasión con el fin de
> perdonar al que mata. Cuando mueres dándote cuenta del esta-
> do de compasión, realmente eres un hijo del Despertar.[62]

---

[62] "*Our enemy is our anger, hatred, greed, fanaticism, and discrimination against people. If you die because of violence, you must
meditate on compassion in order to forgive those who kill you.
When you die realizing this state of compassion, you are truly a
child of the Awaked One*", Thich Nhât Hanh, *Call Me By My True
Names*, Parallax Press, 1993, p. 19.

Thich Naht Hanh es consciente de que sus esfuerzos deben unirse a los de quienes pretenden resolver los problemas relacionados con la salud y la educación para conseguir un progreso real en todas las esferas de la sociedad. Al mismo tiempo, los estadounidenses crean "aldeas estratégicas", oficialmente para ayudarlos, pero en realidad es para reunirlos en puntos centrales mejor defendidos y más fácilmente controlables. Efectivamente, el ejército estadounidense se ve sobrepasado por esa guerrilla sin rostro, cuyos miembros se infiltran en la población civil, sobre todo en los poblados. Pensados para usarse como murallas contra la propaganda comunista, el poder del sur, aliado de los estadounidenses, decide aislar a los campesinos en lugares fortificados con alambre de púas.[63]

Alarmado, Thich Nhat Hanh escribe en su diario:

> Los soldados queman un pueblo antiguo hasta los cimientos para destruir las posibles reservas de armas ocultas y romper los lazos que pudieran existir entre los hombres del Frente de Liberación. Los pobladores están horrorizados mientras ven alejarse en medio del humo sus casas ancestrales y protestan. Cada una de esas casas contiene objetos irreemplazables: recipientes de incienso, tablas funerarias, testamentos, cartas familiares... ¿Cómo podría el dinero remplazar todo eso? Las personas son llevadas a sus nuevos lugares de vida, obligadas a someterse a las órdenes del poder del gobierno y empezar así "una nueva vida". Se sienten desposeídas y humilladas.[64]

---

[63] Entre 1957 y 1963, casi 7 000 000 de campesinos, cerca de la mitad de la población total, fueron obligados a abandonar sus casas y sus arrozales para reunirse en "centros de prosperidad"; los sospechosos eran condenados a los "centros de reeducación".

[64] Thich Nhât Hanh, *Feuilles odorantes de palmier*, op. cit.

Sin embargo, al mismo tiempo que instauran una inseguridad permanente y desgarran el país, la guerra destruye los arrozales y demás medios de subsistencia de los campesinos que ya de por sí son vulnerables. Los conflictos permanentes convirtieron a Vietnam del Sur en un dependiente del apoyo estadounidense, único capaz de evitar que se derrumbara totalmente. Por lo tanto, es imperativo que el país recupere los medios de una economía efectiva y permanente.

Ha llegado el momento de poner en acción sus escritos sobre el budismo comprometido. Thay cree en la fuerza de la compasión y en sus hermanos humanos, a quienes estimula mediante sus escritos o por su simple presencia, con el fin de reconstruir a la sociedad:

> Para conseguir un cambio, debemos utilizar todos los recursos de nuestras tradiciones espirituales. Buda puede contribuir en esta tarea, pero nosotros no debemos esperar que los actos vengan de miembros de la jerarquía. El cambio los inquieta y rechazan todos nuestros esfuerzos para crear un budismo comprometido.[65]

Thay y sus amigos, más realistas y más cerca del pueblo que los militares, se involucran en la creación de *pueblos experimentales* que devuelvan a los campesinos, de manera pragmática, la confianza y el valor para desarrollar sus poblados. Porque, evidentemente, el país no carece de riquezas naturales tanto en las planicies como en las montañas, pero no podrá reencontrar su independencia y su soberanía, excepto si consigue asumirlas totalmente desarrollando sus recursos agrícolas e instalando una economía estable.

---

[65] *Ibid.*

A partir de junio de 1964, Thay es seguido directamente por Phuong, quien acababa de regresar de París, donde obtuvo mención honorífica por su tesis. Rechazó un puesto de investigadora en el Museo de Historia Natural de París para ayudar y servir a su país gracias a la obra de Thay. Deseaba invertir toda su energía en la Escuela de la Juventud para el Servicio Social.

Ese mismo año se suman a las destrucciones engendradas por la guerra, las devastadoras inundaciones en el centro del país, que desplazaron a miles de personas. Desafortunadamente, las poblaciones más afectadas viven cerca de la Ruta Ho Chi Minh, donde se lleva a cabo la gran mayoría de los combates.

Thay y Phuong, acompañados por voluntarios de la Escuela de la Juventud para el Servicio Social, desafían los bombardeos para llevar a un lugar seguro a las poblaciones de las que nadie se ocupa. Se embarcan en un navío cargado con abastecimiento, bordeando la rivera del Thu Bon. La presencia de Thay afirma cierta seguridad y respeto de los partidos beligerantes. Les impone a ambos permanecer atentos a sus actos y sus palabras. A medida que penetran en el interior del país, se ofrece a sus ojos un paisaje de devastación. Descubren indigentes abandonados y traumatizados. "El olor de los cadáveres estaba por todas partes, llenaba el aire de un olor pestilente. Mientras más nos internábamos en las zonas montañosas recónditas, se acentuaban los combates entre nacionalistas y comunistas",[66] relata Phuong, que entonces tenía 21 años. Los voluntarios llevan alimentos y los bienes más elementales.

---

[66] Hermana Chan Khong, *La Force de l'amour*, *op. cit.*

El monje zen está conmocionado. Con las manos entrelazadas escucha, una y otra vez, que los sobrevivientes le confíen su dolor. Con todo su corazón, comparte la narración de estos inocentes a quienes dejaron morir en la indiferencia, mientras a sólo algunos kilómetros, los dos partidos en guerra continúan sin piedad y sin tregua sus combates.

Cuando llega la hora de partir, esta imagen quedará para siempre grabada en la memoria de la joven Phuong:

"En el momento de irnos de ese lugar, muchas madres jóvenes nos suplicaron que nos lleváramos a sus bebés, porque tenían miedo de que no sobrevivieran hasta la siguiente misión de rescate. Lloramos porque no podíamos llevarlos con nosotros. Esa visión me obsesiona todavía hasta hoy".[67] Thich Nhat Hanh se corta el dedo índice izquierdo con un cuchillo y deja que su sangre caiga sobre el río, en una plegaria por todos los que fallecieron en la guerra y en las inundaciones.

La prosa de Thich Nhat Hanh presenta íntegramente la realidad del sufrimiento que asoló a las tierras de Vietnam. Al regreso del viaje, escribe el poema "Experiencia", en el que relata el dolor sin nada de cólera, sólo con la dulzura de aquellos para quienes la aceptación total de las cosas despliega una verdadera compasión. A través de este poema expresa su dignidad a las víctimas, usando una posible redención.

Atento, a través de la resonancia del espacio,
a los llantos de los bebés,
vine aquí, esta noche.

---

[67] *Ibid.*

En un país donde el amor por la poesía es un rasgo importante, este poema alienta a numerosos jóvenes de Vietnam a unirse a la Escuela de la Juventud para el Servicio Social. En febrero de 1964, Thich Nhat Hanh y sus amigos deciden fundar una universidad joven, la universidad búdica Van Hanh, donde la práctica esté por encima de la teoría, con el modelo de las universidades de Estados Unidos. La universidad ve la luz en condiciones precarias pero de acuerdo con la idea de un budismo renovado. Además de religión, se dan cursos de ingeniera, ciencias políticas y economía. Muchas veces a la semana, Thich Nhat Hanh ofrece sus enseñanzas.

"Van Hanh es una universidad que no es como las otras. No tiene nada de lo que normalmente distingue a una institución de alta cultura. Cuando llueve, los estudiantes deben caminar por los charcos para llegar a sus clases y encontrar el camino a través de los puestos del mercado donde se vende de todo, pescado seco y nabos",[68] describe en su diario. Algunos meses más tarde, le propone a Thay Minh Chau, uno de sus compañeros de muchos años, ser el presidente. Thay Thien An y Thay Man Giac, dos monjes cercanos a Thich Nhat Hanh, se unen al equipo de la dirección.

Escribir para consolar

El año de 1964 ve también la creación de Boi Press, una casa editorial que será de las prestigiosas del país, donde se publicarán sus primeras novelas y recopilaciones de poesía.

---

[68] Thich Nhât Hanh, *Feuilles odorantes de palmier*, op. cit., p. 161.

Sus poemas llevan literalmente la resistencia pacífica. Ese mismo año, Thay comienza a congregar a los grupos de resistencia que hasta entonces estaban dispersos, así como a los movimientos que se inscriben en la renovación del país dentro el seno de la Iglesia Budista Unificada de Vietnam, para dedicarse a "asociar la vocación espiritual budista con la formación moderna" y reunir las dos tradiciones más importantes del budismo: la Hinayana, llamada "vehículo pequeño", y la tradición Mahayana "vehículo grande", ambas presentes en Vietnam. En su publicación oficial, de la que él es redactor en jefe, Thay acumula artículos llamando a la reconciliación de los dos partidos de Vietnam. Sus versos resuenan en miles de jóvenes que desean unirse a la Escuela de la Juventud para el Servicio Social. En adelante, la obra literaria de Thay va a imponerse como una de las fuerzas motrices de sus enseñanzas.

El monje zen no ignora cómo la inmolación conmociona la conciencia occidental y cristiana de la época. Sabe que esa incomprensión juega en contra de la mirada que Occidente tiene de Vietnam. En abril de 1965, después de la inmolación de otro monje, decide escribirle a Martin Luther King, con quien ya tiene una convivencia de espíritu y de corazón. Intenta demostrarle que este acto, lejos de ser desesperado, es un acto de amor:

Al inmolarse, el monje vietnamita afirma con fuerza y determinación estar listo para asumir los más grandes sufrimientos para proteger a su pueblo [...] Según las convicciones budistas, la vida no se termina a los 60, 80 o 100 años de existencia: es eterna. La vida no se limita al cuerpo: es universal. Encenderse a uno mismo no significa cometer un acto de destrucción, sino cumplir el don de ser en el sufrimiento y de morir por su pueblo. No es un suicidio. El suicidio es un acto de destrucción que tiene como causa la falta de valor para hacer frente a las dificultades, a las pruebas que pone la vida y a la pérdida de toda esperanza, o incluso el rechazo de vivir [...] Yo creo en lo más profundo de mi ser que los monjes que se inmolaron jamás desearon la muerte de sus opresores, sino solamente que estos últimos cambien de política [...] También creo con todo mi corazón que la lucha por la igualdad y la libertad que usted conduce en Birmingham, Alabama... no se dirige contra los blancos, sino contra la intolerancia, el odio y la discriminación.[69]

Un diluvio de fuego

Vietnam va a sufrir un diluvio de fuego. A pesar de la instalación de las aldeas estratégicas, el ejército del régimen de Ky, en el sur, aliado de Estados Unidos, no consiguió vencer a la guerrilla. En las regiones fronterizas con Camboya, los miembros del Vietcong entablaron una resistencia subterránea: excavaron una ingeniosa y compleja red de galerías, interrumpidas por poblados y bases también enterradas, protegidas en la superficie por una segunda red de defensa. En la jungla, tan poco hos-

---

[69] *The Vietnamese monk, by burning himself, say with all his strengh and determination that he can endure the greatest of sufferings to protect his people. [...] In the Buddhist belief, life is not confined to a period of 60 or 80 or 100 years: life is eternal. Life is not confined to his body: life is universal. To express will by burning oneself, therefore, is not to commit an act of destruction but to perform an act of construction, to suffer and to die for the sake of one's people. This is not suicide. Suicide is an act of self-destruction, having as causes the following: lack of courage to live and to cope with difficulties, defeat by life and loss of all hope, desire for non-existence. [...] I believe with all my heart that the monks who burned themselves did not aim at the death of the oppressors but only at a change in their policy. [...] I also believe with all my being that the struggle for equality and freedom you lead in Birmingham, Alabama... is not aimed at the whites but only at intolerance, hatred and discrimination.*

pitalaria para los pesados equipos de los estadounidenses, cavaron trampas revestidas de cuchillos y cubiertas
con vegetación. Era una trampa temible para los soldados. La terrible eficacia de los subterráneos, que nadie
sospechaba, pone esta táctica en el terreno particular
de la guerrilla psicológica, que tiene entre sus objetivos
desmoralizar al enemigo, desalentarlo de continuar la
guerra y aterrorizar al soldado.

Pero los estadounidenses insisten, intensifican el apoyo militar que brindan al sur del país y dejan entrever
una inminente nueva ola de violencia.

El genio militar, por exigencia del Pentágono, utiliza
entonces nuevos tipos de bombas aéreas y abate un diluvio de fuego y de napalm sobre las zonas donde se sospecha que hay nidos subterráneos. El uso de las bombas
de napalm[70] se convierte en el símbolo trágico de esta
guerra, la más larga que haya sostenido Estados Unidos.
El napalm de tipo B es una sustancia compuesta por ga-
solina; su fórmula está hecha para quemar a una tem-
peratura precisa, porque su textura de gel se pega a la
piel y quema el tejido hasta el hueso sin que sea posible
detener la combustión. Intentar enfriar las heridas con
agua es una ilusión. Además de su poder letal, el napalm
es conocido por el importante impacto psicológico que
ejerce en sus víctimas.

Entre 1964 y 1965, las operaciones de guerra química
alcanzan su apogeo. Desde 1960, con la operación *Ranch
Hand*, aviones descargan sustancias tóxicas como el fa-

---

[70] Además, los ecosistemas tocados por el napalm quedan des-
truidos por varios años (política de la tierra quemada). En 1980,
su uso contra poblaciones civiles fue prohibido por una convención de las Naciones Unidas. Estados Unidos no firmó esta convención, pero aseguró que había destruido su arsenal en 2001.

moso Agente Naranja,[71] para evitar que los guerrilleros vietnamitas se escondan en la selva. Sin embargo, a pesar de una superioridad tecnológica aplastante, la ciencia militar del ejército de Estados Unidos no conseguirá desalojar los complejos subterráneos.

Entre el silbido de las balas, los voluntarios prodigan cuidados médicos, desarrollan la educación desde las edades más jóvenes y practican la conciencia plena sin considerar la pertenencia militar de las personas a las que auxilian. Los voluntarios se forman en sesiones de varias semanas en la universidad. Rápidamente, el movimiento toma una considerable amplitud y pronto congregan casi 10 000 personas, monjes, monjas y estudiantes.

El objetivo de la Escuela de la Juventud para el Servicio Social consiste en plantar las bases para una nueva infraestructura social de envergadura nacional. Estos poblados, construidos sobre las líneas frontales, tienen capacidad de autogestionarse, gracias a una vida comunitaria que se inspira en los *kibbutzim* israelitas y en un equilibrio de la combinación armoniosa entre la vida familiar y la del pueblo, los esfuerzos individuales de cada uno y la aportación del colectivo a todos los niveles, ya sea en el intercambio de los saberes por la cultura y la producción del alimento, o incluso en el equilibrio de los gastos.

Cada familia disponía de su propia parcela de terreno para hacer su huerto, pero también había campos que pertenecían a la comunidad en conjunto. Los pobladores trabajaban tanto en sus propias plantaciones como en el terreno comunal, con

---

[71] Los estragos ocasionados por el Agente Naranja siguen sintiéndose hasta hoy. Muchos niños siguen naciendo con deformaciones físicas ocasionadas directamente por esta sustancia tóxica durante la guerra.

las otras familias. La comunidad poseía un tractor que cada familia podía tomar prestado para su propia parcela. Así, no era necesario que cada familia estuviera equipada con un fuerte material agrícola [...] Además de que les permitía ahorrar, esta repartición favorecía la convivencia entre las familias del pueblo y tejía lazos profundos entre ellas.[72]

Los inicios están marcados por la desconfianza de los pobladores. Las palabras ya no tienen sentido, la confianza desapareció. "Ya tuvieron suficientes 'revoluciones sociales'", explica Thay. Los budistas comprometidos eligen la humildad y la paciencia, poco a poco los pobladores empiezan a abrirse y a participar en las actividades.

Sobre todo, estas actividades sociales restauran los lazos que la guerra parece haber roto. Después de 20 años de conflicto, la devoción de los jóvenes voluntarios hace que renazca un poco de humanidad en una sociedad en la que ya nadie confía en nadie. "Ni las armas ni los extranjeros pueden hacer eso por nosotros", dice Thich Nhat Hanh tiempo después a un periodista. Juntos, hacen renacer la esperanza.

Con los habitantes de las aldeas se tejen relaciones profundas. Algunos meses más tarde, cuando los estadounidenses inician bombardeos intensivos sobre los poblados, los monjes y los habitantes los reconstruyen juntos. Después, cuando vuelven los bombardeos y los vuelven a destruir, los reconstruyen una vez más, y una vez más, y una vez más. Al cuarto bombardeo, la frustración y la cólera son tan grandes entre los voluntarios, que se hace sumamente fuerte la tentación de tomar las armas. La práctica del retorno a la conciencia plena, sin

---

[72] Thich Nhât Hanh, *Esprit d'amour, Esprit de paix,* JC Lattès, 2006.

embargo, ayuda a que cada uno mantenga la calma, lo que aporta a los practicantes una fuerza superior e insospechada.

Poemas para pensar las heridas

A principios de 1965, un hecho significativo ilustra la atmósfera cada vez más toxica de Vietnam. La imprenta Boi, la editorial fundada por el líder budista, publica una recopilación de poemas bajo seudónimo, en un libro titulado *Levantemos nuestras manos y recemos porque aparezca la paloma blanca*. Thich Nhat Hanh evoca el deseo de terminar la guerra. El libro es recibido calurosamente y se agotan 4 000 ejemplares en una semana. No ocurre lo mismo del lado de las autoridades. El gobierno de Saigón ordena el embargo inmediato de los libros. Radio Pekín, radio Hanói y la voz del Frente Nacional de Liberación lo denuncian enseguida.

Se ignora la identidad del poeta. Para el gobierno de Saigón, el hombre que se esconde detrás de esos poemas debe ser un comunista. Respecto al autor del libro, los opositores declaran que "su alma y su cuerpo evidentemente fueron comprados por el Pentágono y la Casa Blanca".[73] Está perdido; el autor no se encuentra en ningún lado. Thich Nhat Hanh avanza por la vía de *ahimsa*, palabra en sánscrito que significa "no violencia", que abre el nuevo horizonte, más allá de los partidos cuya violencia se multiplica cada día.

Él piensa que su voz contra la guerra refleja fielmente los sentimientos de los campesinos que desean que se

---

[73] "*His soul and body have obviously been entirely bought by the Pentagon and the White House*", Vietnam. *Lotus in a Sea on Fire*, op. cit.

detenga la violencia; es entre ellos donde se concentra la esperanza de salir de "la arena movediza" de esta guerra.

El 1º de junio de 1965, la misma editorial publica un libro titulado *Diálogos,* en el que aparecen las cartas de cinco escritores vietnamitas dirigidas a humanistas de todo el mundo, llamándolos a hacer oír su voz por la paz de Vietnam. Una de esas cartas está dirigida al pastor Martin Luther King Jr., quien acaba de ser condecorado con el prestigioso Premio Nobel de la Paz. "Los más grandes humanistas de nuestro planeta no pueden permanecer en silencio. Tú mismo no puedes permanecer en silencio",[74] le escribe. Este libro recopila los escritos de intelectuales vietnamitas dirigidos especialmente a André Malraux, René Char, Jean-Paul Sartre y el estadounidense Henry Miller.

Guerrero de la paz

Las condiciones y reglas de vida de un monasterio enmarcan la vida del hombre en busca de sabiduría. No obstante, Thich Nhat Hanh se revela como un monje cuyo comportamiento y elecciones no son convencionales. Durante un tiempo, el monasterio es una estructura necesaria para el establecimiento de la vida interior del aspirante, el desarrollo de una estabilidad psíquica, la acumulación de fuerza y energía, así como comprensión, el corazón y el espíritu del diapasón de la gran sabiduría.

Desde su regreso de Estados Unidos, consagra su tiempo a los más desfavorecidos de la sociedad, así

---

[74] *"The great world humanists cannot remain silent. You yourself cannot remain silent", Ibid.*

como a la escritura. En Vietnam, durante sus años turbulentos, Thay confiesa: "Soy como un pedazo de hierro
forjado por el fuego de la guerra". Sus actos atestiguan su
compromiso indeclinable para poner fin al ciclo interminable del sufrimiento. Pero ¿dónde encontrar energía
para volver a empezar cada día cuando no se posee un
abrigo cómodo y revitalizante? ¿Dónde puede un hombre que se alimenta de la sabiduría de la contemplación
encontrar sus coordenadas, atrapado en este mundo
presa de la agitación? ¿Cómo conservar una aspiración
moral elevada sin hundirse en un nihilismo destructor?
Buda invitaba a sus discípulos a iluminar su espíritu con
su propia luz y Thay toma a menudo sus palabras. Cultiva en sí mismo una gran exigencia que se forjó en el
monasterio, en contacto con el *Vinaya*,[75] que significa
"disciplina" en pali: ningún acto de la vida se logra sin
conciencia. Los pasos del monje se mueven por esta exigencia moral y espiritual. Su aspiración de paz y nobleza,
que resplandecen en Buda sobre esta imagen que tanto
lo marcó en los años anteriores, sigue inspirándolo.

Y después, tiene este regreso a la humildad del instante, que Thay se esfuerza por practicar lo más seguido posible. Toma conciencia de su respiración y restablece el
contacto con la vida que nos habita. Es elegir el presente,
lo real. Un día está tan absorto en sus reflexiones sobre la
manera de detener los bombardeos, que le resulta difícil
comer. Phuong preparó fideos con una mezcla de hierbas. Ella le pregunta entonces si él puede identificarlas.
"Observando esta mezcla de hierbas con atención, des-
perté —escribió Thay más tarde—, me di cuenta de que

---

[75] *Vinaya* es una recopilación de los textos relativos a las reglas que
rigen la *sangha* o comunidad monástica budista. Este código de la
vida monástica se basa en las enseñanzas de Buda.

me hacía falta dejar de estar tan ocupado por la guerra y tenía que aprender a identificarlas".[76]

Las malas noticias del país seguían llegándole, la represión y la censura aumentaban, pero el joven líder no dejaba de practicar la conciencia plena a cada instante del día. En el curso de su práctica cotidiana, Thay elude los engranajes de la violencia y la desesperación. Poco a poco se le aparecen las causas profundas de la no violencia. A partir de esos años, su lectura de los acontecimientos se caracteriza por una gran sabiduría y una creciente madurez. Esta visión alude al ejercicio constante de la "mirada profunda". Él ve más allá de las burdas circunstancias exteriores. Domina el ejercicio del discernimiento y distingue más allá de los acontecimientos para revelar la humanidad en cada uno. El hombre se debate bajo las capas de la violencia, del sufrimiento, del dolor. Es ese hombre el que Thich Nhat Hanh busca detrás del desprecio de las formas y las impresiones, para llevarlo con una dulzura infinita, por el camino de la vida. Pronto, él va a encarnar un tercer camino, una vida inédita, mientras en Vietnam, "paz" se va a convertir en una palabra prohibida.

Un tercer camino

De manera extraordinaria, Thich Nhat Hanh consigue mantenerse como un monje budista, un guía espiritual, al mismo tiempo que toma posturas claramente políticas.

No alienta la insurrección comunista, tampoco brinda su apoyo al régimen del sur. Fustiga a los estadounidenses y el poder excesivo que atribuyen al dinero.

---

[76] *Lion's Roar*, 9 de marzo de 2015.

El dinero es vano cuando se acompaña de un desencadenamiento de violencia y de acciones inapropiadas, llevadas en un gran desconocimiento del terreno. La violencia es estéril, corrosiva. La guerra también aniquila iniciativas, no más que a los seres y la naturaleza, termina por derrumbar la confianza en el porvenir. El dinero debe estar al servicio del sentido que se le da a la vida, no a la inversa. Él cree en la fuerza de los valores morales y en el mérito, los únicos capaces de evitar la corrupción de los hombres. En el sur de Vietnam, los estadounidenses acribillan al régimen a golpe de dólares. La estrategia de subsistencia de cierto número de vietnamitas va a establecerse por el oportunismo solamente, en colaboración con el régimen, sin la menor convicción política y con el único objetivo de beneficiarse del dinero que llevan los estadounidenses.

Tres estadounidenses pacifistas

En el verano de 1965, en la temporada de lluvias, el calor es agobiante. La Universidad Van Hanh, donde Thich Nhat Hanh pasa largas horas, ve la llegada de tres estadounidenses de aspecto distinguido, enviados por la asociación FOR (Fellowship of Reconciliation),[77] o Movimiento por la Reconciliación. Esta asociación transnacional de hombres y mujeres desempeñó un papel

---

[77] Fellowship of Reconciliation nace en 1914 en Suiza, cuando los cristianos de diversas confesiones se reúnen en vísperas de la Primera Guerra Mundial. Promete la justicia y la paz oponiéndose a la violencia y el militarismo, llamando también a una repartición más justa de las riquezas a nivel mundial y a una reconversión de las industrias de armamento.

importante en favor de la paz a lo largo del siglo xx. En tanto se enardece el conflicto entre el sur de Vietnam, aliado de los estadounidenses, y el Frente de oposición del norte, la asociación envía una delegación con la esperanza de abrir una alternativa pacifista. Espera encontrar en el movimiento conducido por el líder budista una oportunidad de colaboración o por lo menos trabajar en una proximidad del espíritu, animada por los mismos objetivos pacifistas gracias al empleo de tácticas no violentas. La delegación está dirigida por Alfred Hassler, el secretario ejecutivo de la asociación y A.J. Muste.

Alfred Hassler ya es conocido en los medios contestatarios y pacifistas estadounidenses. Es originario de Pensilvania, Estados Unidos, donde nació en 1910. Creció en Nueva York y después realizó estudios de periodismo en la Universidad de Columbia. Durante la Segunda Guerra Mundial fue apresado por su posición de objetor de conciencia, pues se negó a tomar parte en el conflicto. Durante sus años de prisión escribió un libro, *Diary of a Self-Made Convict (Diario de un convicto autodidacta)*,[78] y numerosos artículos contra la guerra.

En 1957 tuvo una idea genial: organizar la coescritura, con ayuda del dibujante Al Capp y Benton Resnik, de un libro gráfico titulado *L'Histoire de Montgomery (La historia de Montgomery)*.[79] La idea consiste en narrar de manera lúdica el atractivo y el éxito del boicot del autobús de Montgomery, después de la acción de desobediencia civil de Rosa Parks, que la asociación FOR ayudó a orquestar. Cuatro días antes, esta costurera negra se negó a obedecer al conductor de un camión que le ordenó levantarse para ceder su lugar a un blanco. El

---

[78] Henry Regnery Company, 1954.

[79] En inglés: *Martin Luther King and the Montgomery Story*.

acto se calificó como perturbación del orden público y el chofer exigió su arresto. Fue el arresto que colmó el vaso a los ojos de los dirigentes de la comunidad afroamericana de Montgomery. Algunos decidieron entonces pasar a la acción. A la cabeza estaba un joven pastor de 26 años, Martin Luther King Jr.

Alfred Hassler decidió compartir las claves del éxito del boicot con un público mayor. Se imprimieron 250 000 ejemplares de la historia gráfica. En lugar de las redes habituales de distribución, se distribuyó entre asociaciones, iglesias y escuelas, y contribuyó a inspirar a los grupos pacifistas del sur de Estados Unidos; después, en América Latina y en África del Sur.

"¿Cuántos vietnamitas tienen que morir en espera de la retirada de los estadounidenses?", se pregunta con vehemencia contenida uno de los monjes responsables de la universidad, junto a sus interlocutores extranjeros y al lado de Thich Nhat Hanh.

Estos tres pacifistas tienen la intención de hacer ver al público estadounidense la siniestra realidad del régimen al que tratan de apoyar los gobiernos sucesivos de Estados Unidos y, en particular, la represión en contra de los budistas. Esperan que este nuevo elemento pueda favorecer una solución junto con los miembros del Congreso. Por su parte, Thich Nhat Hanh y sus colegas budistas proponen una petición para someterla a los estadounidenses, que en Vietnam recogió en tres días casi 4 000 firmas, para exigir el retiro de las fuerzas armadas. Alfred Hassler se niega a participar en este sensible juego diplomático, sabe que un pronunciamiento tan abierto lo haría correr el riesgo de desacreditación, y sobre todo que se le acuse de servir al comunismo, una palabra fuerte en el contexto estadounidense de la década de 1960.

Tienen que construir una alternativa sólida y audible. Thich Nhat Hanh y sus colegas van a blandir sus fundamentos éticos en esta acción de largo aliento. Porque, entre la astuta guerrilla y el ejército más poderoso del mundo, entumecido en su material de alta gama, la victoria es imposible. Ninguno de los dos ejércitos está en condiciones de coronar un peón del adversario. Pero si los estadounidenses se retiran del conflicto, podrían mantener la cabeza en alto. Es la condición indispensable.

Salir del conflicto no significa la humillación, trata de explicarles el monje. El fracaso es palpable, de todas maneras no habrá victoria, concebir otra vía actualmente es imposible. Pero ¿alrededor de qué valores va a articularse esta vía? A través de la discusión, poco a poco se dibuja otra opción: "Nuestra fe no propone la no violencia porque no tenemos armas, sino porque elegimos no utilizarlas. Tenemos fe en la *satyagraha*[80] de Mahatma Gandhi y en el doctor Martin Luther King Jr., tenemos fe en nuestros hermanos humanos. Su nación ha gastado más dinero en armamento del que el resto del mundo puede ganar. No ganaron la fuerza, sino la inseguridad. Armados hasta los dientes con bombas, misiles y napalm, ¿acaso Estados Unidos tiene aún la opción de la no violencia?".[81]

Esta vía sería la de la no violencia. Juntos, encuentran una nueva vía; falta hacerla inteligible para ganarse el corazón de los estadounidenses. Es la manera que les permitirá, al fin, influir en los dirigentes políticos. Fi-

---

[80] *Satyagraha* es el nombre de una *práctica de resistencia no violenta o de desobediencia civil; el término fue acuñado por* Gandhi.

[81] Historieta gráfica *Les Cinq Pouvoirs*, creada por This is the Way Films INC, 2014.

nalmente, los delegados del Movimiento por la Reconciliación deciden informar a sus homólogos sobre la posición de los budistas y trabajar con los representantes religiosos de Estados Unidos para que se expresen en contra de la guerra.

Thich Nhat Hanh está conmovido por la sinceridad con que Alfred Hassler y sus colaboradores expusieron sus argumentos. A. J. Muste ya expresa una gran admiración por el monje zen. Este encuentro resultará de gran importancia para el movimiento en favor de la paz.

En 1966, el profesor Robert Browne, del Comité interuniversitario por el debate sobre la política extranjera y el profesor MacKahin, de la Universidad Cornell en Ithaca, Nueva York, invitan al líder budista a dirigir un seminario sobre Vietnam en esta universidad.

Sucesor de Buda

Antes de su partida, durante la luna llena de febrero de 1966, Thich Nhat Hanh establece la Orden del Interser[82] (tiep hien); una nueva orden compuesta por monjas, monjes y laicos comprometidos. En francés, Thich Nhat Hanh traduce "tiep hien" como *inter-être*: todos estamos relacionados y somos interdependientes. Son seis quienes reciben la orden, entre ellos Phuong, que entonces tiene 28 años; aunque ella no se va a cortar el pelo ni usará el hábito de monja hasta varias décadas después. Cada uno se compromete a seguir preceptos específicos que, a través del tiempo, se convertirán en los "14 en-

---

[82] La orden está fundada según la tradición Linji, budismo meditativo, y acentúa el no apego a las imágenes, la experimentación directa de la naturaleza interdependiente de todas las cosas a través de la meditación, la adaptación y los medios apropiados.

trenamientos de la conciencia plena".[83] El primero surge directamente de la cuestión de la intolerancia, como si fuera budista, y lo devuelve al contexto de la Guerra de Vietnam. Su formulación inicia así: "Conscientes del sufrimiento que provocan el fanatismo y la intolerancia, estamos determinados a no demostrar idolatría ni a apegarnos a una doctrina, una teoría o una ideología, incluso una budista".

Antes de su partida a Estados Unidos, el monje zen visita la pagoda de su maestro Chan Thiet Phanh Quy, con intención de decirle adiós. Le anuncia que va a ausentarse tres meses. Contrariamente a su costumbre, el maestro quiere mantener a su joven alumno cerca de él. En efecto, quiere proceder a la ceremonia formal de la transmisión de la lámpara del dharma.[84] En la tradición del budismo zen, uno no puede enseñar sin ser un "sucesor". El discípulo que recibe la transmisión de la lámpara pertenece a un linaje de sucesores, que saben que cada linaje de sucesores se remonta hasta Buda. Después de la ceremonia, recibe de su maestro el nombre de "Nhat Hanh".

Asimismo, le transmite un poema, el poema de la transmisión, que será una verdadera guía a través de sus peregrinaciones alrededor de mundo:

> Al dirigirse hacia la única dirección del reencuentro con la primavera, se obtiene la caminata heroica.
> Durante la acción, se debe estar sin concepto y sin concurrencia, se debe practicar el no pensamiento y la no lucha, no buscar el éxito y el renombre.

---

[83] El término "precepto" parecía demasiado suntuoso para el público occidental, por lo que se volvió "entrenamiento".

[84] El dharma designa a la vez la vía espiritual, la enseñanza de Buda y la vía universal.

> Si la lámpara del corazón, del espíritu, se vuelve hacia ella misma y refleja la verdadera naturaleza, la fuente original, entonces el dharma maravilloso se realiza en sí mismo al este y al oeste, en el mundo entero.

En la primavera de 1966, la guerra se intensifica. Bombardean numerosas aldeas fundacionales. El 2 de mayo de 1966, Thich Nhat Hanh vuela a Estados Unidos. Está previsto que su viaje dure tres meses.

Reunir a los seres y los corazones

Los años de la década de 1960 conmocionaron la vida de numerosas personas en todo el mundo. Los últimos años de la década resultaron particularmente cruciales.

En Vietnam, las manifestaciones se multiplicaron contra el régimen del nuevo dictador Nguyen Cao Ky, después del asesinato de Diem, el dictador precedente. Los manifestantes eran numerosos monjes budistas que reivindicaron la adherencia a las elecciones democráticas. El gobierno acepta, pero su decisión pondrá en evidencia que era por pura formalidad, pues antes de las elecciones sus miembros tuvieron el cuidado de apresar a los monjes budistas susceptibles de presentarse como candidatos.

El poder de una sola voz

Thich Nhat Hanh está de regreso en Estados Unidos, extenuado por esos últimos meses en el tumulto de Vietnam; a pesar de las dificultades, dejar el país fue desgarrador. Por fortuna, lo cuida el grupo de estadounidenses que lo acoge. Además, su tiempo se ve rápidamente ocupado.

A su llegada contacta a Alfred Hassler, el secretario ejecutivo del Movimiento de Reconciliación. Este último opina que el monje zen debe expresar el punto de vista de numerosos vietnamitas que no se identifican ni con el comunismo ni con el anticomunismo, y lo único que quieren es detener los bombardeos. Pero la mayoría de los estadounidenses, abrumados por la propaganda anticomunista, opinan que la guerra está justificada. Convencer que la guerra es justa y la victoria inminente, es algo que Washington no deja de afirmar. Al escuchar el testimonio del monje, los estadounidenses no podrán permanecer indiferentes. Thich Nhat Hanh responde a esto que no sabe lo que le reserva el mañana, pero pase lo que pase "tengo fe en la tierra sobre la que caminé en este instante, señor Hassler, usted echó un puente sobre el río que separa a menudo la fe y los actos".

Además de su recorrido por las universidades, organizado por los profesores Browne y MacKahin, el Movimiento de Reconciliación planea un recorrido de conmoción. Alfred Hassler pretende que el monje se encuentre con los responsables religiosos de alto nivel con los que el Movimiento ya tiene buenas relaciones, con el fin de sensibilizarlos sobre la situación de Vietnam. En este vasto movimiento pacifista en creación, el monje zen se encarna como portavoz por su posición de observador directo de los horrores de la guerra. Thich Nhat Hanh se siente bien con los miembros de la asociación; aprecia mucho a Alfred Hassler. En mayo de 1966, escribe un breve mensaje a la asociación para agradecer "a sus amigos" y expresarles su profunda gratitud. Para él, convertirse en un miembro de la asociación es tan natural como respirar, dice, porque todo su ser aspira a la paz, la comprensión, el amor y la fraternidad. El Movimiento Internacional de la Reconciliación es un medio de poner el amor en acción. Uno de los fundamentos de la doctrina budista se basa en el respeto por todas las formas de vida, todos los budistas deben comprometerse a sí mismos a rechazar la guerra. Al brindar su energía al Movimiento, sigue el camino de *ahimsa*, de la no violencia (en sanscrito), que lleva la paz y la reconciliación a quienes entregan por completo sus esfuerzos.[85]

Para Hassler, Thich Nhat Hanh no es solamente un vietnamita que atestiguó lo peor. Sus cualidades, su calma y su discernimiento, sus altos valores morales lo hacen un ser de virtud excepcional. Las palabras de Thay infunden una gran compasión, sus palabras elegidas vienen del corazón, de él emana una fuerza de paz que no puede dejar insensible a quien lo oye. De manera prosaica, también es parte de los raros vietnamitas que aspiran a una solución pacífica y aceptan aún hablar con estadounidenses.

El 1º de junio de 1966, Thay tiene una conferencia de prensa en Washington D.C. y propone un plan de paz en cinco puntos que implica abiertamente la responsabilidad de los Estados Unidos para poner fin a la guerra:

1. Estados Unidos debe declarar oficialmente su voluntad de ayudar al pueblo vietnamita a disponer de un gobierno verdaderamente preocupado por sus aspiraciones.

2. Estados Unidos debe cesar inmediatamente los bombardeos.

3. El ejército de Estados Unidos debe limitar su actuación a un papel puramente defensivo.

4. Estados Unidos debe demostrar de manera convincente su intención de retirar sus tropas después de un periodo de tiempo determinado.

---

[85] Correspondencia, mayo de 1966, archivo FOR.

5. Estados Unidos debe ofrecer ayuda a la reconstrucción, sin segundas intenciones ideológicas o políticas.

Contra todos los pronósticos, esta intervención tiene una respuesta mucho más allá de lo que se esperaba. En Vietnam, la reacción es más directa y también más violenta. La vía de la no violencia busca no tomar partido. Esta posición vuelve imparable su acción, al mismo tiempo que resulta ininteligible para los hombres del poder. Son ellos quienes decretan cuál será la suerte de Thich Nhat Hanh. El mismo día, es denunciado como un traidor en la radio de Saigón, en los periódicos y por el gobierno de Thieu-Ky. No podrá volver a Vietnam sin arriesgar su vida.

Incluso entre los suyos, en Vietnam, esta acción política suscita reticencias. Juzgan prematura la exigencia de detener inmediatamente los bombardeos. Los responsables de la Universidad Van Hanh, Thay Minh Chau y Thay Than Van, consideran que no es posible ocuparse a la vez de la política y de las actividades sociales. Estos últimos temen padecer los posicionamientos políticos, aunque pacifistas, de Thay. En efecto, en el Vietnam de 1966, a los ojos de las autoridades, presentarse como pacifista equivale a declararse en favor de los comunistas; en el sur de Vietnam, equivale a firmar su pena de muerte. El hecho de la drástica separación de educación y política suscita vivos debates. Phuong Cao Ngoc se lamenta en sus memorias: "Pero, ¿cómo quiere enseñárseles a los jóvenes a respetar la vida si se les oculta al asesino que hay en los seres humanos? ¿Cómo quiere explicarles la noción de no miedo en *avalokiteshvara*, en el Sutra del Loto, si tienen miedo ustedes mismos de utilizar la palabra 'paz'?"[86] No pasó mucho tiempo para

---

[86] Hermana Chan Khong, *La Force de l'amour*, op. cit.

que la Universidad Van Hanh decidiera romper relaciones con la Escuela de la Juventud para el Servicio Social. En cuanto a Thich Nhat Hanh, ya no es bienvenido en Vietnam. Está claro que su ausencia suscita pena entre los miembros de la asociación, en particular a los ojos de Phuong, para quien la sabiduría de Thay era preciosa para el funcionamiento de las actividades. Los vietnamitas están cada vez más solos.

En Estados Unidos, Alfred Hassler lo vio claramente. Las intervenciones del *Bouddhist monk* aportan un nuevo impulso al tratamiento mediático del conflicto; el monje budista interroga e intriga a los periodistas. Juega con la sinceridad de su palabra, una sinceridad mezclada con el dolor que produce su efecto. Algunos elogian su apariencia increíblemente joven, su valor, su fe y su perseverancia. Hay que decir que Thich Nhat Hanh, aunque tiene casi 40 años, conserva rasgos particularmente juveniles.

Cuando lo critican por su exigencia de retirar las fuerzas armadas, lo acercan a los comunistas, o cuando las facciones vietnamitas le reprochan tener amistad con el tío Sam, él responde, inflexible: "Nosotros exigimos el cese inmediato de los bombardeos". En el *New York Times* explica su postura: "Los estadounidenses piensan que sólo el primer ministro Nguyen Cao Ki y otros católicos son anticomunistas. Es un error. Yo soy anticomunista, pero no porque tema perder un automóvil o una casa, sino porque siento que en el comunismo no hay lugar para una vida espiritual", y añade: "los campesinos no aman el comunismo, pero aman aún menos la guerra".[87]

---

[87] *"Americans are inclined to think that only Nguyen Cao Ky and other Catholics are anti-Communist, he remarked. That is a mistake", he added: "I am anti-communist not because I am afraid*

Thich Nhat Hanh sabe de lo que habla. Estaba con campesinos víctimas de los bombardeos, no muy lejos de la Ruta Ho Chi Minh, la zona donde se desarrollaban los combates. Conoce el significado del dolor. Sabe que los vietnamitas son rehenes de un conflicto que no les pertenece, que no puede perdurar mucho más. Para vencer, los estadounidenses deben ganar el apoyo de la población. Sin embargo, lo que ocurre es todo lo contrario. El combate de los estadounidenses contra el comunismo es vano porque perdió la simpatía de los hombres y las mujeres de Vietnam. En esta partida, el más olvidado es el hombre.

La prensa transmite sus intervenciones y pronto se encuentra con algunas de las personalidades más influyentes de su tiempo, entre las cuales están el ministro de defensa Robert MacNamara, el monje trapense Thomas Merton, quien acepta firmar el prefacio de su libro *Loto en un mar de fuego*, y los senadores Fullbright y Kennedy. Con el monje trapense Thomas Merton, caen, por decirlo así, uno en los brazos del otro. Una viva simpatía nace entre los dos hombres. Los acerca su lección de vida, como monjes a distancia de la sociedad. Se encuentran en su senda sincera y sin concesión. Para Merton, Thich Nhat Hanh es "como un hermano".

Thay sigue su recorrido por Europa, donde se encuentra con varios jefes de Estado y altos dignatarios de la Iglesia católica, entre los cuales está el cardenal Daniélou. En dos ocasiones, es recibido en audiencia privada por el papa Pablo VI en Roma. Le pide expresamente al soberano pontífice que vaya a Hanói o a Saigón.

---

of losing a car or a house, but because in Communism there is no room for a spiritual life", *The New York Times*, 5 de noviembre de 1966.

"Si decide ir a Hanói, será una reacción muy importa-
te en favor de la paz",[88] explica Thich Nhat Hanh a los
periodistas. Confiesa que el Papa se muestra un poco
sorprendido. Aunque el Papa no viaja en esa época, la
delegación papal de Saigón se presentó para instaurar
un diálogo de comprensión entre católicos y budistas en
busca de una alternativa hacia la paz. Los grupos pacifistas en Vietnam trabajan desde entonces en armonía;
en palabras de Thich Nhat Hanh, fue tal el éxito, que
hubiera sido posible la caída de la dictadura de Nguyen
Van Thieu —presidente de 1965 a 1975— y después, del
general Nguyen Coa Ky, primer ministro de 1965 a 1967,
sin que los militares estadounidenses hubieran interve-
nido directamente.

Declara a los demás: "Lo más importante que queremos en Vietnam es ser libres de la voluntad de liberación. Somos víctimas de la buena voluntad de salvarnos".
Alerta sobre la destrucción que crean los comunistas y
los anticomunistas, pero recuerda que la guerra mata
a más personas inocentes que los vietcongs. Es urgen-
te detener la guerra porque la escalada de violencia rechaza cada día la llegada de la paz y no consigue más
que destruir un poco más a la sociedad vietnamita tanto
como a las barreras morales.

El descubrimiento de la vida occidental

Thich Nhat Hanh está feliz de viajar en compañía de
Alfred, en quien encuentra una atención benevolente

---

[88] *"If he decides to go to Hanoi, it would create a very important
reaction for peace"*, Detroit Press, 25 de octubre de 1966.

cuando a veces son difíciles las condiciones de un viaje tan largo. Dormir cada noche en un entorno diferente, encontrar energía para entrevistarse con personas que no conoce. Su comprensión mutua se profundiza. Cuando no desea responder ciertas preguntas de los periodistas, el monje guarda silencio. Silencios que Alfred acepta con delicadeza. La velocidad, el sonido y los colores de la vida occidental le dan la impresión de vivir en un sueño. Thay está sorprendido por la velocidad de los pasos de la gente por las calles, así como de quienes lo rodean. Incluso cuando va demorado a una reunión, Thich Nhat Hanh permanece atento a su respiración y al ritmo de sus pasos. De todas maneras, cuando trata de acoplarse a su ritmo, siente que "no es él quien camina". El paso del monje conserva su propio ritmo y este ínfimo detalle revela, quizás a su manera, que no seguirá los rastros de nadie sino su propia vía.

Una noche, en Suecia, como está claro y los pájaros cantan, se despierta después de haber dormido una hora. Sin embargo, en ese país nórdico los días de verano son tan largos que la noche desaparece a las dos de la mañana.

Felizmente, Alfred está presente para hacerle la vida más fácil, compartir sus ansiedades y crear el puente entre el monje vietnamita y Occidente. "Encontré en él el oído más atento que jamás encontré en Occidente".[89] Gracias a su nuevo amigo pacifista, Thay aprende mucho sobre la cultura occidental, en especial sobre el cristianismo. Juntos intercambian numerosas ideas sobre las acciones que deben seguir para detener la destruc-

---

[89] *"I found in him the most attentive listener I had ever found in the West"*, Thich Nhat Hanh, "A Chair that is Unbreakable", carta.

ción de Vietnam. Thay elogia la apertura del espíritu de Alfred Hassler, se siente agradecido de tener un amigo capaz de acoger y apreciar sus sugerencias.

Un día, Thay comprende que debe familiarizarse con la cultura de Occidente. Una poeta lo condujo al aeropuerto de Atlanta y le preguntó: "¿Se puede abrazar a un monje budista?". El fruto de ese intercambio entre Oriente y Occidente se encuentra en la meditación del abrazo,[90] una práctica desarrollada por Thay algunos años más tarde, en la que enseñará el arte del abrazo.

En ese periodo, Thay conserva la esperanza de volver pronto a Vietnam.

El reverendo Martin Luther King, Jr.

Alfred Hassler le sugiere a Thich Nhat Hanh que se encuentre con Martin Luther King. En realidad, el pastor estadounidense trabaja desde la década de 1950 con Alfred Hassler y el Movimiento por la Reconciliación. La historieta gráfica sobre la actividad de Martin Luther King en Montgomery, creada gracias a la idea de Hassler, contribuyó a ganar el afecto del reverendo.

De hecho, el monje zen y el pastor de la Iglesia bautista de Montgomery en Alabama poseen varios puntos en común. Sus espíritus están abiertos a la filosofía. El pastor es un lector de Kierkegaard, Nietzsche, Jaspers, Heidegger, Paul Tillich e incluso Jean-Paul Sartre. En su camino, ninguno de los dos hombres oculta la influencia del existencialismo sartriano que postula que el ser humano forma la esencia de su vida por sus propias accio-

---

[90] Thich Nhât Hanh, *Enseignements sur l'amour*, Albin Michel, 2004.

nes. Esta apertura les ofrece la aptitud de cuestionar los dogmas, apropiarse de los conceptos para experimentarlos. Es un camino que parece guiado por una búsqueda de la verdad de cada instante.

Por otra parte, Martin Luther King conoce la violencia de los hombres y su propensión a caminar una vía mortal. Su familia ha sido amenazada de muerte en varias ocasiones, su casa fue atacada con una bomba incendiaria por segregacionistas; él incluso ha sido víctima de violencia física. En 1958, fue apuñalado en el pecho por una mujer negra que lo acusó de ser comunista, escapó por poco de la muerte y finalmente la perdonó. Sabe que responder al odio mediante la violencia precipita a la humanidad en abismos y hace resurgir a la bestia. Sólo el amor y la confianza son sentimientos dignos de la vida. Igualmente, al elegir la confianza y la fe, esta actitud generosa, por efecto de espejo, puede llevar a aquel que actúa como un enemigo a encontrar la paz y el amor. Si percibe la violencia, conoce sobre todo la ignorancia subyacente de aquellos que olvidaron el amor divino. Tampoco Thich Nhat Hanh combate a los hombres, sino la ignorancia y la incomprensión.

Además, Martin Luther King conoce el valor del sufrimiento. Es por ello que la no violencia no representa una elección política: es la culminación obvia de un camino interior áspero y sincero.

En junio de 1966, cuando ambos hombres se encuentran en la oficina del pastor bautista donde cuelga un retrato de Mahatma Gandhi, son dos almas amigas. El pastor escucha con gran atención al monje vietnamita, su narración de miedo, violencia, la desesperanza que invade Vietnam. Cuando el monje zen le comunica sus reivindicaciones, le demuestra que sus luchas son similares. En efecto, le dice, su protesta por los derechos civiles, la libertad y la igualdad no está dirigida contra los blancos, sino contra la intolerancia, el odio y la discriminación, la lucha de los monjes tiene como objetivo remediar el sufrimiento del pueblo vietnamita. Asimismo, mientras en 1959 y al principio de 1960 la protesta por los derechos civiles se encarna en una marcha simple y digna, en Vietnam los monjes sacrificaron sus preciosos altares para detener el avance de la masacre, si no es que inmolaron sus cuerpos. Thay exhorta así al líder negro a comprometerse abiertamente contra la Guerra de Vietnam. Como consecuencia de esta entrevista de 45 minutos, Martin Luther King decide tomar la palabra públicamente en una conferencia de prensa al lado de Thich Nhat Hanh, en la que declara que "los negros en Estados Unidos y los budistas que luchan en Vietnam están enlazados por una empresa común en favor de la paz y la justicia, y están listos para sacrificarse por esta causa".[91]

Años más tarde, Thich Nhat Hanh atestiguará el profundo efecto que le dejó el reverendo.

En el momento que conocí a Martin Luther King Jr. supe que estaba en presencia de un santo. No solamente su trabajo, sino todo su ser fueron una fuente de gran inspiración para mí.[92]

Cuando se reencontraron mediante la congregación por la paz, esta vez en Ginebra, el monje zen le confesó al

---

[91] *Vietnam. Lotus in a Sea on Fire*, *op. cit.*, Hill & Wang, 1967, p. 76.

[92] *"The moment I met Martin Luther King Jr, I knew I was in the presence of a holy person. Not just his good work, but his very being was a source of great inspiration for me"*, Living Buddha, Living Christ, Riverhead Books, 2007.

pastor que para numerosos vietnamitas era un "bodhi-sattva", la encarnación del amor y la compasión al servicio de otros.

En el libro *Born to belonging*, Andrew Young,[93] que era un amigo cercano de Martin Luther King, evoca la huella espiritual que Thich Nhat Hanh dejó en Martin. Según él, este reencuentro instó al pastor a reorientar su postura en el tema de Vietnam.

Así, el 4 de abril de 1967, delante de una asamblea en la iglesia de Riverside, Martin Luther King se expresa públicamente contra la Guerra de Vietnam. En un sermón titulado "Más allá de Vietnam, el tiempo de romper el silencio"[94] interpela al gobierno estadounidense. "El silencio es traición", declara, presentando ciertas razones por las cuales su conciencia no puede seguir su obra social y espiritual en Estados Unidos sin oponerse a la Guerra de Vietnam. Sobre el tema del servicio militar, alienta también a los jóvenes pastores a renunciar a la excepción que les ofrece su ministerio para exigir un estado de objetor de conciencia. Más aún, habla de sus deseos de una revolución de valores en esta nación que pone a la persona humana después de los intereses materiales y señala "el miedo mórbido del comunismo" que se ha extendido en Estados Unidos. Sugiere un proceso de cinco puntos cuyo centro consistirá en un cese al fuego unilateral.

Este sermón tiene consecuencias importantes porque millones de personas lo escuchan en todo el país. Es el primero de una larga serie[95] que tiene como objetivo sen-

---

[93] Rutgers University Press, 2002.

[94] *"Beyond Vietnam, a time to break silence"*.

[95] Martin Luther King Jr. será asesinado exactamente un año después de este sermón, el 4 de abril de 1968.

sibilizar a los estadounidenses sobre el retiro del ejército estadounidense de Vietnam. Algunos días más tarde, el 15 de abril, entre 100 000 y 200 000 personas se reúnen en Nueva York para manifestarse contra la guerra.

1967, bajo el signo del fuego

"Personalmente, no conozco a nadie más digno del Premio Nobel de la Paz que el dulce monje budista de Vietnam". Sus ideas por la paz, si se hubieran aplicado, "habrían erigido un monumento al ecumenismo, a la hermandad mundial, a la humanidad",[96] explica Martin Luther King, Jr. en la carta de nominación que envía al comité del prestigioso premio de Estocolmo en 1967. Para poder ser candidato, estar recomendado por una persona coronada con el premio es una condición imperativa. Aunque para Thich Nhat Hanh es un hermoso reconocimiento y la recomendación de Martin Luther King es de suficiente peso, finalmente, ese año el premio no le será concedido.

Ejercer la mirada justa

En este periodo, Thay escribe en inglés numerosos poemas para hablar sobre la guerra. Alfred Hassler corrige algunas palabras que no le parecen del todo apropiadas. Prepara también una versión inglesa de *El loto en un mar de fuego*,[97] que más adelante tendrá el título de *Un manuel de méditation à l'usage des jeunes activistes* (*Manual*

---

[96] "*I do not personally know of anyone more worthy of the Nobel Peace Prize than this gentle Buddhist monk from Vietnam*".
[97] *Vietnam. Lotus in a Sea on Fire, op. cit.*

de meditación para jóvenes activistas). Demuestra de manera muy puntual la realidad de la guerra en Vietnam, explicando cómo la guerra se vive desde el interior; en particular, cómo percibe la población a los estadounidenses. Desde luego, para Thich Nhat Hanh, esta circunstancia de la percepción de los estadounidenses por un lado, y por otro las concepciones erróneas de los occidentales, desempeñan un papel muy importante en la guerra. Si los estadounidenses transformaran su visión sobre la guerra reconociendo el sufrimiento del pueblo vietnamita, se abrirían nuevos horizontes. En cuanto a los vietnamitas, si tuvieran la libertad de expresarse, desaprobarían el régimen de Ky y la política del gobierno estadounidense; por ello, estas mismas autoridades reducen al silencio todas las voces susceptibles de abrir una vía hacia la paz.

Thich Nhat Hanh escribe que después de 20 años de guerra, la sociedad vietnamita se acerca a la más completa desintegración.

> El asesinato inútil y la muerte de cada día, la destrucción de la propiedad y la utilización corrupta del dinero erosionan los valores humanos y desembocan en una pérdida de confianza y una gran frustración en los vietnamitas. Casi todo el mundo es presa de la corrupción porque el dinero parece capaz de comprar mujeres, políticos, generales e intelectuales.[98]

---

[98] *"After twenty years of war, Vietnamese society now approaches the ultimate in disintegration. The needless killing and dying that occur every day, the destruction of property, and the venal use of money to erode human values have resulted in widespread doubt and frustration among the Vietnamese. Nearly everyone is prey to venality, so that money seems able to purchase women, politicians, generals, and intellectuals alike"*, Ibid.

De manera muy pragmática, se aplica a revelar al pueblo estadounidense la cotidianidad de la guerra, en pro de los habitantes del campo de la península.

> Lo vi en un pequeño poblado: un carro tirado por un buey transporta a una joven vietnamita que tiene en sus brazos a un bebé de un mes y a su lado a su madre. Sus bienes están apilados en el carro. Del cielo baja un helicóptero, el ruido que provocan las hélices y el rugido del motor asustan al buey, que huye, vuelca el carro y tira a las mujeres y sus propiedades en el camino. Si hubiera sido una escena de película, quizás habría sido gracioso. Pero no fue el caso. Los soldados estadounidenses bajan del helicóptero y hacen entender a la mujer joven que quieren que vaya con ellos. La madre y la joven imploran su piedad, pero no tienen piedad.[99]

En lo que concierne a las clases sociales más altas del país, Thay lamenta que la política corrupta del régimen del sur de Vietnam, que llama "la marioneta" de Estados Unidos, empuje a las élites a los brazos del Frente Nacional de Liberación o del comunismo.

Se venden 40 000 ejemplares de la versión en inglés de *Loto sobre un mar de fuego*, y se traduce a 12 lenguas.

---

[99] *"They see it as I saw it in a small village, oxen drawing a simple peasant cart along the road. In the cart was a young Vietnamese woman holding her month old baby in her arms, and with her mother beside her. The cart was piled high with their possessions. Out of the sky there descended a helicopter, its blades rattling and its motor roaring. The oxen were frightened and ran away, throwing the women and their possessions all over the road. If it had been a motion picture scene, it might have seemed funny, but to them it did not. American soldiers descended from the helicopter and made it plain that they wanted the young woman to go with them. Both women implored the soldiers for mercy, but there was no mercy", Ibid.*

Una tarde de 1968, cuando se dirige a un gran público de protestantes en una iglesia de Saint-Louis, un hombre entre la audiencia lo insulta violentamente y pone en duda la "supuesta compasión" de Thich Nhat Hanh: "Si se preocupa tanto por su pueblo, señor Hanh, ¿por qué está aquí? Si se preocupa tanto por las personas heridas, ¿por qué no pasa su tiempo con ellos?".

Según Jim Forest, que relata el episodio, la atmósfera de repente se cargó de tensión, el aire de repente se volvió irrespirable. Cae un largo silencio y después el monje zen empieza a hablar, provisto por una calma profunda, concentrado, demostrando un interés real por el hombre que acaba de ofenderlo. Sus palabras parecen una lluvia sobre las llamas.

"Si uno quiere que el árbol crezca —dice—, regar las hojas no va a servir. Se tienen que regar las raíces. Numerosas raíces de la guerra están aquí, en su país. Vine aquí para ayudar a las personas que están bajo las bombas, para tratar de protegerlas del dolor".

"La atmósfera de la sala se había transformado —atestigua Jim Forest—, el furor del hombre había puesto a prueba nuestro propio furor. La respuesta de Thay revelaba una tercera posibilidad: la de superar el odio con amor, romper la cadena sin fin del sufrimiento que destrozaba la historia de la humanidad".[100]

Después de esta respuesta, Thich Nhat Hanh murmuró algunas palabras al oído del presidente y salió. Jim Forest lo descubrió en el patio adjunto a la iglesia, respirando con fuerza, casi sofocado. Los comentarios del hombre lo habían conmocionado y la primera reacción del monje zen pudo haber sido responder con cólera; sin

---

[100] Ver www.jimandnancyForest.com

embargo, había respirado muy lenta y profundamente para encontrar el medio de responderle con comprensión. Aun así, la conmoción había sido violenta.

—¿Por qué no montar en cólera contra él? —le preguntó Jim Forest—, incluso los pacifistas tienen derecho a encolerizarse.

—Si concerniera sólo a mi persona, sí. Pero yo estoy aquí para hablar en nombre de los campesinos vietnamitas. Tengo que demostrarles que podemos ser mejores", respondió el maestro.

En Vietnam la situación es cada vez más dramática. La valiente Phuong lucha con puño de hierro para mantener las actividades de la Escuela de la Juventud para el Servicio Social.

Numerosos intelectuales del sur de Vietnam la consideran una heroína. Se organizan convoyes de voluntarios para apoyar los campos bombardeados. Ella también organiza la circulación de los libros de Thay que promueven la paz, como *Loto en un mar de fuego*. Esta actividad le vale varios arrestos y una temporada en prisión, pero ella siempre vuelve a salir con una suerte inaudita. En sus memorias revela que su secreto no tenía nada que ver con la suerte, sino con la fe. Cada vez que la arrestan, su espíritu se concentra en su respiración, entra en meditación y plegaria *Avalokiteshvara*. Un día, su actitud le gana la simpatía de un policía que hace el gesto de ignorar la petición por la paz que ella lleva en su ropa; ese tipo de petición la habría condenado a muchos años de prisión.

El hombre no es nuestro enemigo

Desde Alemania, Francia y Estados Unidos envían varios corresponsales a Vietnam. El conflicto se vuelve la primera guerra mediatizada. El 17 de mayo de 1967, el encabezado del *New York Times* dice: "Una profesora budista declara: 'La mayoría de nosotros los vietnamitas detestamos a Estados Unidos'".[101] El artículo está ilustrado con la foto de una joven erguida y digna que mira a la lejanía con rostro serio.

La profesora de botánica y budista no es otra que Phuong. Delante de periodistas estadounidenses, se expresa en nombre de los vietnamitas en un inglés dudoso mezclado con francés. Desea expresarse, especialmente, en nombre de su amiga y hermana espiritual, Phan Thi Mai. Tres días antes, esta joven de buena familia, miembro de la EJSS y perteneciente al grupo de seis monjes y monjas ordenandos por Thay antes de su partida a Estados Unidos, se presentó delante de la pagoda Tu Ngien. Después de sentarse en flor de loto y haber puesto dos estatuas delante de ella, una de la Virgen María y una del *bodhdisattva Avalokiteshvara*, se impregnó de aceite y se inmoló.

Dejó varias cartas y poemas, en particular el poema "Recomendación" escrito por Thay, que leyó varias veces antes de darse muerte.

Recuérdalo:

el hombre no es nuestro enemigo
la única cosa digna de ti es la compasión
invencible, sin límites, sin condiciones
el odio no te dejará jamás afrontar
a la bestia que hay en el hombre [...]

---

[101] *"Buddhist Teacher says: 'Most of Us Vietnamese hate the U.S.'"*, The New York Times, 17 de mayo de 1967, archivos del FOR (Fellowship of Reconciliation).

Sus cartas suplicaban a católicos y budistas unirse por la paz con el fin de que las personas pudieran tomar conciencia del amor de Jesús y de la compasión de Buda.[102]

Pide a los estadounidenses que se retiren de Vietnam. En una carta dirigida al embajador Ellsworth Bunker, para que la transmita al presidente Johnson, escribe: "La mayoría de nosotros, vietnamitas, detestamos desde el fondo de nuestros corazones a los estadounidenses que trajeron con ellos los sufrimientos de la guerra" y "las toneladas de bombas y su dinero han podrido a nuestro pueblo y quebrado nuestro cuerpo y nuestros sentimientos nacionalistas".[103] En un país donde el sacrificio de uno mismo se entiende como un acto de supremo valor, la inmolación pública de la joven crea una ola de conmoción que suscita sinceros gestos de cooperación.

Las cartas de Mai se hicieron públicas por monjes budistas y sacerdotes católicos. Una de sus cartas evoca a Norman Morrison, el cuáquero que se inmoló frente al Pentágono en 1965; éstas van a contribuir a impulsar un movimiento de fondo cristiano-budista contra la guerra.

Thich Nhat Hanh explica que este gesto, en apariencia desesperado, es un acto de sacrificio. Según él, al inmolarse por el fuego, el propósito de los monjes y las monjas no es la muerte de sus opresores sino solamente un cambio de política. Sus enemigos no son los hombres, sino la intolerancia, el fanatismo, el autoritarismo, la avaricia, el odio y la discriminación que llenan el corazón del ser humano. Un sutra de Buda declara: "Ungirse de aceite por el bien de todos los seres". La imagen de la joven Mai jamás abandonará a Phuong.

---

[102] Hermana Chan Khong, *La Force de l'amour, op. cit.*
[103] *The New York Times*, 17 de mayo de 1967, *op. cit.*

Desafortunadamente, a mediados de 1967, imaginar una retirada es muy difícil para las dos partes rivales. Han ido demasiado lejos. Miembros de la Escuela de la Juventud para el Servicio Social son asesinados. Trabajar para los pobres se considera como un acto comunista. Phuong descubre los cadáveres de Tuan, Tho, Lanh y Hy flotando en el río. Para no dejarse hundir en la desesperanza intenta, lo más que puede, usar la conciencia plena para cada uno de sus actos. En la noche, cuando busca el sueño en vano, vienen a su mente las enseñanzas de Thay: el hombre no es nuestro enemigo, lo son la ignorancia y el odio. Esta comprensión la tranquiliza.

Misticismo y desobediencia civil

En Estados Unidos, una centena de estudiantes lanzaron una petición por la paz. A finales de 1967, impulsado por esta iniciativa, Alfred Hassler va a Vietnam para encontrarse con los estudiantes de la Escuela de la Juventud para el Servicio Social. Ellos se muestran hostiles ante la idea de encontrarse con un occidental. A fuerza de paciencia, Hassler consigue entrevistarse con los estudiantes, quienes aceptan sumar sus firmas a la lista, poniendo en peligro sus vidas. Sus esfuerzos consiguen abrir horizontes.

De 1966 a 1968, Thich Nhat Hanh establece amistades sólidas con cierto número de actores del cambio social hacia un proceso espiritual profundo y sincero. En la vena de Thoreau y Emerson, están muy comprometidos con las luchas en favor de la pacificación del mundo y sus esfuerzos fusionan el misticismo y la desobediencia civil. Para Thay, estos hombres y mujeres son *bodhisattvas*. Están Martin Luther King y Thomas Merton, pero también Dorothy Day, Daniel Berrigan, Joan Baez y Jim Forest.

Dorothy Day, periodista y militante católica, vivió en su juventud en Nueva York una vida bohemia, cercana al anarquismo y la ultraizquierda. El nacimiento de su hija en 1927 le provoca un sobresalto espiritual y se une a la religión católica. Con Peter Maurin, funda el Movimiento Católico Obrero, que defiende la no violencia y la hospitalidad hacia los excluidos. En los barrios pobres de Nueva York instalan las "casas de hospitalidad", así como una serie de granjas donde viven cristianos en comunidad. Abbie Hoffman, uno de los líderes de la contracultura estadounidense de los años 60, que se caracteriza por su humor y su sentido de la comedia en las manifestaciones —como cuando trata de hacer levitar el Pentágono con su energía psíquica—, habla de ella como la primera *hippie*.

Apodado "el Profeta" en Estados Unidos, Daniel Berrigan es un sacerdote, teólogo comprometido, poeta y ardiente pacifista. Su encuentro con Dorothy Day a la edad de 20 años le dejó una huella indeleble. "Dorothy Day me enseñó más que todos los teólogos", diría, "ella hizo relaciones que no había previsto, la ecuación de la miseria y de la pobreza humana con la guerra. Tenía fe en Dios y en la creación de un mundo que tuviera suficiente para todos". Ordenado sacerdote en 1952, hizo el viaje hasta Hanói, al norte de Vietnam, en compañía del historiador Howard Zinn, y constató los graves daños ocasionados por los bombardeos del ejército de Estados Unidos. Entonces denunció "el pecado de los que hacen la guerra" y "el imperialismo militar estadounidense". En mayo de 1968, visita con otras siete personas la oficina de incorporación de Catonsville en Maryland, donde queman 600 archivos militares con napalm fabricado en casa. Declara en un comunicado: "Nuestras disculpas, buenos amigos, por la ruptura del orden, por haber quemado papel en lugar de niños". Es investigado y perseguido por el FBI, al que esquiva durante casi cuatro meses. Finalmente, lo detienen en la casa del teólogo William Stringfellow y pasa 10 meses en prisión, en el curso de los cuales llega a la portada de la revista *Time*. Durante su tiempo en prisión, escribe a sus compañeros jesuitas: "A menos que los gritos de las víctimas de guerra, de los pobres desesperados, de los prisioneros, de los que resisten en conciencia; a menos que el grito del mundo apague nuestros oídos [...] nada cambiará, sobre todo nosotros mismos". Dan habla de su vida de protesta como un "amor indignado". Thay y él mantendrán una abundante correspondencia en la que intercambiarán sus respectivas tradiciones. El monje zen lo hace parte de su experiencia de funcionamiento en la comunidad de Vietnam, donde los monjes comparten la mesa de los escritores y artistas.

Joan Baez, cantautora folk de fama internacional, pone su energía en la política y la música, que conjuga de maravilla. Desde los 16 años, en 1957, se distingue por un primer acto de desobediencia civil cuando se niega a abandonar una clase en su escuela de Palo Alto para efectuar ejercicios de evacuación al refugio antibombas en plena Guerra Fría. Este episodio le valió el castigo y el ostracismo por parte de la población local, que la calificó de "comunista infiltrada". En 1965, camina al lado de Martin Luther King en las manifestaciones por los derechos civiles. Canta *We Shall Overcome*, que se convierte en el himno del movimiento. Pronto se une a las marchas contra la guerra. Fue así como conoció a Thich Nhat Hanh y a Phuong, de quien se vuelve amiga muy cercana. En 1967, organiza un concierto contra la guerra en el Monte Washington. Algunos años más tarde, en París, ofrecerá su voz en conciertos de caridad en favor de los niños de Vietnam.

Jim Forest es un joven temerario, franco y entero que se vuelve un pilar de apoyo a la lucha no violenta de los budistas en Estados Unidos. Se casa con Laura, la hija de Alfred Hassler, de quien se divorcia unos años más tarde. El joven entonces tiene 30 años; católico, estuvo en la marina en el servicio de meteorología, antes de ser periodista durante un tiempo. En 1968, cuando trabaja como coordinador del programa por Vietnam en el seno del Movimiento por la Reconciliación, entra por la fuerza a nueve consejos de revisión de Milwaukee —las oficinas locales encargadas de la inscripción de militares— acompañado por 13 miembros del clero católico, para tomar y quemar algunos archivos. La mayor parte de los miembros son condenados a 13 meses de prisión.

Jim Forest estuvo relacionado con Thich Nhat Hanh por muchos años y trabajó con él, específicamente en la publicación del libro *El milagro de la conciencia plena*.[104] Narra que, acompañando al monje zen en una de sus innumerables conferencias en la Universidad de Michigan, se encontraron los dos frente a un elevador en espera de que las puertas se abrieran. Sobre la puerta sonaba un reloj. El monje zen le dijo: "Sabes, Jim, hace algunos años, ése no habría sido un reloj, habría sido un crucifijo". "Tenía razón. El reloj es un objeto religioso en nuestro mundo, uno tan poderoso que no puede ser destituido", convino Jim.

---

[104] Thich Nhât Hanh, *Le Miracle de la pleine conscience. Manuel pratique de méditation*, L'Espace Bleu, 1996.

Ya se tratara de estudiantes vietnamitas o de estudiantes estadounidenses, el movimiento contra la Guerra de Vietnam se convirtió en la lucha de una generación que debía cambiar el mundo, que sirvió de catalizador para todos los conflictos entre generaciones, entre pueblos, entre hombres y mujeres. Los jóvenes se negaron a vivir en el mundo encorsetado de sus padres. Dos guerras mundiales sembraron la duda sobre los valores y los fundamentos de la civilización occidental. Los *hippies* celebraron el amor en Woodstock y se deleitaron con el *Siddhartha* de Herman Hesse, donde la sed inextinguible del héroe por encontrar la unidad interior funge como guía de cada paso de su existencia. Entraron en resonancia con el espíritu resplandeciente e innovador de Thich Nhat Hanh que no duda, desde que tenía sólo 20 años, en cuestionar el conservadurismo de su jerarquía. "Muy pocas personas habían oído hablar de él, pero ese joven monje, hostil tanto a la guerra del norte como a la del sur y la de sus aliados estadounidenses, y que proponía la vía de la reconciliación, los intrigaba",[105] relata la escritora y antropóloga Joan Halifax, discípula de Thich Nhat Hanh.

Frente a esta crisis existencial, la Guerra de Vietnam es demasiado. Se entrevé subrepticiamente otra manera de vivir en el mundo. Es hora de la transición. Muchos saben que no quieren seguir así, rechazan violentamente la guerra, el orden antiguo, la moral, y aspiran con impaciencia a otra cosa, pero aún les faltan las palabras para diseñar ese nuevo mundo. De manera soterrada, están en marcha los poderes de renovación y de creación. Paz es una pala-

---

[105] Jean-Sébastien Stehli, "Le maître zen du Bordelais", *L'Express*, 27 de diciembre de 2001.

bra que se esgrime en todas direcciones, pero va a revelarse como un arte que requiere experiencias y modelos.

Una nueva conciencia para Occidente

En Vietnam, las circunstancias se recrudecen. Imágenes atroces de la guerra se difunden cada tarde en las cadenas occidentales. Estas imágenes desempeñan un papel fundamental en la apropiación del conflicto por parte de la juventud. La guerra se inmiscuye en la esfera personal e íntima de la vida de las personas. El tema provoca disputas en las familias. La violencia pasa del concepto mental a una realidad cruda. Para el movimiento en favor del cese al fuego, son decisivas tales imágenes. Aceleran eficazmente la toma de conciencia de buen número de personas.

En Europa y en Estados Unidos, los manifestantes salen a la calle. En Alemania, el conflicto suscita numerosos debates entre la opinión pública. ¿Cuál es el verdadero propósito de esta guerra de civilización? ¿Por qué se enardecen los estadounidenses? Ver que un país tan pequeño como Vietnam, rico en una historia y cultura milenarias, se obstina por conservar sus características contra la más grande potencia imperialista, es todo un acontecimiento. En Francia se lucha por la soberanía de un pueblo que se inscribe en el linaje directo de la Revolución Francesa.

Mientras los meses pasan, la guerra se hace más cruel. En enero de 1968, 385 000 soldados estadounidenses están en Vietnam. El ejército de Estados Unidos lanza la misión ofensiva de *Búsqueda y destrucción*[106] que otorga

---

[106] *Search and Destruction*

el derecho de actuar como mejor les parezca, despreciando todas las reglas internacionales. Las regiones se declaran *free fire zone*: se les autoriza a los soldados tirar a cualquier cosa que se mueva. Por ejemplo, en el delta del Mekong, los helicópteros pueden disparar si así lo desean, sobre sujetos inmóviles o simplemente si ven hombres que corren, pues son sospechosos de "evasión". Es una vorágine sin sentido. Los militares que asesinan a más combatientes del Vietcong son condecorados. El conflicto está en plena deshumanización. En el terreno, campesinos y civiles son los grandes sacrificados de la guerra. De ambos adversarios, un insaciable deseo de venganza alimenta esta locura destructiva. El objetivo de aterrorizar a la población fascina en parte a la estrategia estadounidense. El conflicto en la lógica de los quirófanos: en Alemania del Este, los habitantes son invitados a donar sangre para los combatientes vietnamitas.

Mientras los soldados estadounidenses viven en el infierno, numerosos estudiantes estadounidenses que se declaran pacifistas, rechazan la guerra y se manifiestan cada vez más violentamente. Estados Unidos teme caer en una guerra civil, pues algunos jóvenes se convierten en militantes armados, y las escenas de confrontación con fuerzas del orden son las más violentas que el país haya visto. La represión es sumamente dura.

Una pesadilla

Estados Unidos bombardea en vano la Ruta Ho Chi Minh, que recorre Vietnam hasta Camboya y Laos, la zona donde ocurren la mayor parte de los combates, desde hace 10 años. Cientos de aviones vierten sustancias químicas sobre la selva con el objetivo de obligar a los guerrilleros a salir de las galerías. Esta nueva estrategia va a minar poco a poco las fuerzas de la guerrilla, que decide lanzar una ofensiva contra el sur y Saigón. Aprovechando la tregua que había concluido entre los combatientes durante las festividades para conmemorar el fin de año, la fiesta del Tet, toman al ejército estadounidense por sorpresa. Los petardos de la fiesta son reemplazados por cohetes. Durante la terrible ofensiva del Tet se dan los combates más sanguinarios de la guerra. Hasta entonces, Saigón había estado apartada de la guerra, que se llevaba a cabo entre los arrozales.

El maestro de Thich Nhat Hanh pierde la vida. En la ciudad donde los ejércitos se matan entre sí, la Escuela de la Juventud para el Servicio Social acoge a 11 000 refugiados en su campus. Phuong y Thay Thanh Van aseguran la gestión. El entorno es perdonado mínimamente por los combatientes y los bombardeos gracias al valor de Thay Thanh Van, quien bajo las balas, se coloca frente a las fuerzas armadas para pedir que se perdone al campus y a sus refugiados. 10 bebés nacen en el campus durante estos días terribles.

Los soldados estadounidenses están estupefactos. Las imágenes de los combates del Tet, que finalmente llegan a Estados Unidos, tienen un enorme impacto psicológico en la opinión internacional. Por primera vez, la victoria no parece posible. De manera simbólica, un comando vietcong llega a introducirse hasta las murallas de la embajada de Estados Unidos. Subestimaron al enemigo. Es el comienzo de la "guerra sucia".

La inconformidad se globaliza y vuelven a surgir movimientos contestatarios en Finlandia, en México, en Tasmania, en Chile, en el Congo. En Chicago, la situación es igualmente de insurrección.

La paz en práctica

El año de 1968 marcó el apogeo del movimiento pacifista contra la guerra. Sin embargo, Thay no se siente bien con las manifestaciones pacifistas, que le parecen demasiado agresivas. En una de las reuniones contra la Guerra de Vietnam, se ve abordado por un joven furioso al que no le parece que sea lo suficientemente radical. Algunos no comprenden la presencia de Thay en Estados Unidos, ya que según ellos, debería estar en Vietnam para combatir al imperialismo estadounidense. Una vez más, responde que las raíces del conflicto se encuentran en Estados Unidos. ¿Cómo puede uno pretender ser pacifista utilizando la violencia? Para Thay, la paz no debe disolverse en una postura política destinada a contestar al poder por el placer de la inconformidad y la oposición a la autoridad. Debe vivirse plenamente. "La compasión y la sabiduría son la esencia del budismo, pero si la compasión y la sabiduría no se transponen en la vida, no podemos hablar de compasión y sabiduría", intenta explicarles a los activistas.

La vía de la no violencia considera que exigir la paz consiste principalmente en encarnar la paz. Si se contenta con aclamar a la paz, sus esfuerzos corren el riesgo de ser estériles. Así como matar y hacer la guerra no es innato, ya que supone un entrenamiento y un condicionamiento específicos, para que la paz se convierta en una realidad requiere un aprendizaje exigente. Se trata de cultivar las semillas de la paz en sí misma con atención y amor. Poco a poco, en Estados Unidos y en Europa, Thay va a difundir esta cultura de la paz, que no es una simple palabra ni una actitud prefabricada sino un estado del ser.

Gracias a la práctica de la visión profunda, Thay no se siente ajeno al conflicto. Juzgar y tomar partido es como asumirse ajeno al conflicto. No obstante, el monje considera que las raíces del conflicto están en todas partes, comprendidas en los pensamientos y el modo de vida. Sabe que actuar o hablar desde la ira puede crear aún más destrucción. Entiende que los vietnamitas no están solos en el sufrimiento y que los jóvenes estadounidenses enviados a Vietnam para matar o ser asesinados también sufren mucho:

> Eso ha hecho crecer en mí una aspiración profunda para que la guerra llegue a su fin y los vietnamitas y los estadounidenses vivan en paz. Esta aspiración estaba clara y no había más que una vía a seguir: actuar para poner fin a la guerra.[107]

En las "técnicas de reconciliación" de Thich Nhat Hanh aparece esto cabalmente: no es el hecho de tomar partido en un caso de conflicto, se trata de la identificación respectiva de las "víctimas" y los "agresores", que corresponde a la verdadera manera no dualista de ver, la única capaz de resolver un conflicto y sanar el odio. Quien no esté en capacidad de identificar a su enemigo para comprenderlo desde el interior, no puede ser artesano de la paz. Por tal razón, Thich Nhat Hanh alienta a sus discípulos a la respiración meditativa para experimentar lo que vive un estadounidense y después un ruso. Se trata de ver la verdad verdadera, la situación real. Los estadounidenses enviados a Vietnam, apenas salidos de la adolescencia, se vieron sumergidos en un desencadenamiento de furor, sufrimientos, iras que aniquilan los mínimos puntos de referencia, cuya irrupción

---

[107] Thich Nhât Hanh, *Enseignements sur l'amour, op. cit.*

de violencia caótica no sufre más que razones y explicaciones ideológicas.

Es por ello que en sus meditaciones cotidianas, Thich Nhat Hanh concentra su espíritu y transmite su compasión tanto por los soldados estadounidenses como por los civiles vietnamitas. Se propone ver el mundo y la guerra como el espejo de nuestra propia violencia interna.

> Cuando uno tira bombas sobre el enemigo, tira al mismo tiempo sobre uno mismo, sobre su propio país. Durante la Guerra de Vietnam, el pueblo estadounidense ha sufrido tanto como el pueblo vietnamita. Las heridas de la guerra son tan profundas en Estados Unidos como en Vietnam.[108]

En mayo de 1968, llega a París la delegación del norte de Vietnam. En un principio se aloja en el hotel Lutèce en el VI *arrondissement* (distrito), donde las manifestaciones estudiantiles están en pleno movimiento. Se siente el gas lacrimógeno hasta el vestíbulo del hotel. El inicio de la negociación para la paz se lleva a cabo en París entre las superpotencias y las facciones vietnamitas. Según Ramsey Clark, procurador general adjunto bajo la presidencia de Johnson, estas negociaciones de París no hubieran visto la luz sin el compromiso de millones de personas en favor del pacifismo.

El tiempo del exilio, los ojos hacia el final

El 4 de abril de 1968, es asesinado el militante afroamericano Martin Luther King Jr. La noticia produce una

---

[108] Thich Nhât Hanh, *La Colère, op. cit.*

ola de conmoción que sacude al mundo entero. Cuando se entera, Thay está en Suiza y no puede creer lo que oye. Durante varios días se queda postrado, sin comer ni dormir. Percibe en esta muerte una gran pérdida para la nación estadounidense.

En junio de 1968, a los 42 años, Thich Nhat Hanh se da cuenta de que tendrá que demostrar paciencia antes de volver a ver su patria bien amada. De ahí en adelante, el sabio zen estará en tierra extranjera. Se aísla de sus allegados, de sus amigos, de sus alumnos, de su *sangha* y finalmente de todo lo que había formado su vida hasta entonces: "Cada noche, o casi, soñaba con volver a casa. Me despertaba en medio de la noche, en medio de un sueño, para encontrarme con la triste realidad del exilio... todo me parecía tan diferente de lo que conocíamos en Vietnam".[109] Lo peor, la comunicación en su nombre con sus colaboradores en Vietnam podía ponerlos en peligro. Los comunistas consideraban, además, que Phuong y él mismo eran agentes de la CIA. El monje zen se da cuenta de que permaneciendo en el extranjero, debe volver a aprender todo desde cero. Bajo el efecto de toda esta tensión y este tumulto interior, se siente débil y fatigado. Busca maneras de volver a Vietnam, pero los miembros de la EJSS le suplican no intentar nada.

En Saigón, las actividades políticas y sociales de Phuong arriesgan su vida cada vez más. Después del lanzamiento de una petición a iniciativa suya, en la que pedía un cese al fuego de tres días durante la fiesta del Tet, escapa por poco de ser apresada. Como la Armada de Liberación viola la tregua para atacar al ejército del sur, se sospecha que es cómplice de la guerrilla. Una vez más, ella debe

---

[109] Thich Nhât Hanh, *Esprit d'amour, Esprit de paix,* op. cit.

su libertad a su conciencia, su sinceridad, su valor y su compasión, que en un contexto de guerra terriblemente delicado, permiten desviar la actitud de algunos de los nuevos amos del territorio.

Thich Nhat Hanh llega a Hong Kong con la idea de encontrarse con Phuong. Ella decide entonces ausentarse de Vietnam durante algunos días, siempre feliz de pasar tiempo al lado de su maestro. Después de numerosos trámites burocráticos, consigue una visa. Thay desea que ella trabaje directamente con él, que se convierta en su asistente.

En contacto con Phuong, quien ha estado los dos últimos años en el centro de los acontecimientos, resucita un poco Vietnam. Su testimonio, resultado de la viva realidad del conflicto, ofrece legitimidad a la empresa de Thich Nhat Hanh, que desea seguir con la transmisión del mensaje desinteresado de los campesinos iletrados que viven bajo las bombas. Su voz aportaría un crédito real muy distinto al de los discursos intelectuales de diferentes campos. Además, ella es particularmente eficaz en lo que concierne a la búsqueda de fondos, tarea indispensable para el desarrollo de una obra social. Después de tomarse un tiempo para reflexionar, acepta la propuesta de Thich Nhat Hanh, convencida de que trabajar en el exterior del país en favor de los desheredados finalmente será más útil que permanecer en Vietnam, donde arriesga su vida y donde sus actividades por la paz suscitan incluso la desaprobación de algunos de sus colaboradores budistas. Ella prolonga la duración de su visa en Hong Kong y después solicita una visa a la embajada de Francia, que le es otorgada el 29 de diciembre de 1968. Pronto vuela hacia Francia.

Condición de exilio

Para aquellos cuyos pasos pisan una tierra extranjera, se hace clara la conciencia de estar en este mundo sin estar relacionado con él. Era un tiempo en que el exilio y el destierro eran el peor castigo que podía soportar un hombre. En efecto, ¿qué hay más difícil que estar alejado del entorno y la lengua que dieron forma a nuestra identidad y construyeron nuestro ser? El exilio empuja a la marginalidad, a la errancia, a abandonar el mundo propio para convertirse en un nómada en el mundo de otros, borra las coordenadas y hace que todo se convierta en un refugio provisional. De tal manera que, más allá de las apariencias, detrás del velo de la aceptación, el poder del exilio sordo y subterráneo a menudo es destructivo.

La filosofía de la impermanencia y del no apego es esencial para la filosofía budista. El apego desconsiderado por las cosas y los seres hace que uno viva en una dimensión estrecha, que se compone de un principio y de un fin, del nacimiento a la destrucción —porque no es más que un elemento de este universo que se escapa—, en suma, el mundo de los mortales. Sin embargo, existe una realidad subyacente a los fenómenos, una realidad que no contiene ni muerte, ni miedo, en la que el ojo vislumbra la realidad última de cada cosa. En esta dimensión evoluciona Thich Nhat Hanh.

> Desde el instante en que eres capaz de tocarte a ti mismo profundamente y de tocar a otros profundamente, se toca otra dimensión, la dimensión de la realidad última.[110]

---

[110] Thich Nhât Hanh, *Bouddha et Jésus sont des frères*, Pocket, 2001.

Es una de las pruebas que nacen de las realizaciones interiores más bellas y más maduras. El exilio obliga a volver la mirada hacia uno mismo para ver los recursos que le permiten estar vivo. Thay nombra a esa conciencia profunda e inmutable "conciencia de las profundidades".

El monje zen practica el retorno a sí mismo, que le ayuda a revitalizarse en su nuevo ambiente, y establece contacto mental cada día con todos los que conoce. Por consiguiente, para quienes quieren sobrevivir a esta negación de su identidad profunda, no queda más que una solución: sumergirse en lo que queda... en sí mismo.

En adelante, se sentirá en sí mismo en todas partes adonde vaya, porque su compromiso espiritual con los preceptos budistas le demuestra cada día que su verdadera morada está en él —como un refugio interior— por poco que conserve la fe y no pierda jamás la esperanza. Se da cuenta entonces de que al volver a sí mismo puede encontrar su país dondequiera que se encuentre:

> Tomé conciencia... de que la tierra pura de Buda, el lugar de la paz verdadera, depende de nuestra propia capacidad de abrirnos a todas las maravillas de la vida que nos rodean, siempre y aquí mismo. Nos es posible extraer de nosotros mismos la fuerza y el valor para reparar las destrucciones de la guerra y la violencia. Es posible; no queda más que hacerlo. Si renunciamos a ello, nos hundiremos en la desesperanza. Nadie puede desterrarnos del lugar de la paz verdadera...[111]

Los rostros de aquellos en quienes el dharma disipa el espejismo del mundo permanecen vueltos hacia la luz; viven con la mirada fija en lo último. Thich Nhat Hanh experimenta la unidad psíquica profunda de una corriente de conciencia que va más allá de su vida presen-

---

[111] *Ibid.*

te. En medio de la bruma turbulenta, no ve más aquí o allá, no corre, es un punto de paz.

La bohemia en París

En 1969, un grupo de estudiantes de la Delegación de la Paz de la Iglesia Budista Unificada de Vietnam, dirigida por Thich Nhat Hanh y la hermana Phuong, se une a las negociaciones por la paz que se llevan a cabo en la capital. No se les permite participar directamente, pues las delegaciones principales son la República Democrática de Vietnam (los comunistas del norte), la República de Vietnam (los nacionalistas del sur) y el Frente Nacional de Liberación, que se compone en su mayoría de disidentes survietnamitas aliados a Hanói. La República Popular China, la URSS, Francia y el Reino Unido son coorganizadores.

El 8 de junio del mismo año, algunos estudiantes relacionados con Thich Nhat Hanh deciden organizar una conferencia internacional por la paz. A pesar de las reticencias del ministro francés de Asuntos Exteriores, esta conferencia es organizada en Fontainebleau, donde se reúnen varios cientos de personas. El día anterior se organiza una ceremonia budista, en la que se mezclan tambores y campanas, después 500 vietnamitas budistas cantan su plegaria por la paz, escrita por el líder budista, que emociona al público hasta las lágrimas.

> Las madres lloran con lágrimas secas mientras sus hijos se pudren en campos lejanos, la belleza de un país se desvanece, sólo corren la sangre y las lágrimas.
> Por favor, ten compasión de nuestros sufrimientos.
> Nuestra tierra está en llamas desde hace veinte años.
> Desgarrada, está impregnada de lágrimas,
> de sangre y de esqueletos de jóvenes y de viejos [...]

En 1970, en Francia, Thich Nhat Hanh tiene un estatus de refugiado político. A pesar de las invitaciones que se multiplican, no se decide a instalarse en Estados Unidos, pues está muy implicado en la Guerra de Vietnam. Opta finalmente por Francia, el país de los derechos del hombre, donde obtiene el derecho de asilo.

Por el momento, inicia un nuevo recorrido con el fin de sensibilizar a los pueblos y a sus dirigentes en la instauración de una negociación de paz que ponga fin a los enfrentamientos guerreros que desgarran su país. Además, la lengua francesa no le es ajena, pues vivió su infancia bajo la ocupación colonial francesa. Lo acompaña Nguyen Hoang Anh, un anciano monje novicio que viene de Vietnam.

Inicia entonces un periodo extraordinario. Francia sigue aún bajo la ola de conmoción de la revuelta estudiantil de mayo de 1968, que provocó una toma de conciencia en su suelo, así como en numerosos países. Un movimiento contestatario surge en las universidades contra el mal funcionamiento de la enseñanza superior y contra una sociedad de consumo... pero igualmente contra la Guerra de Vietnam. Miles de manifestantes desafían en las calles la brutalidad policiaca, más de 10 millones de huelguistas paralizan el país y hacen vacilar al poder y, sobre todo, el símbolo de una sociedad en busca de emancipación, cuyo arrebato ciudadano tendrá valor de mito durante las décadas futuras.

En una oficina estrecha en el quinto piso del número 11 de la rue de la Goutte-d'Or, en el xviii *arrondissement* (distrito) de París, Thay y la hermana Phuong ocupan un despacho donde reciben visitas de todos los horizontes: periodistas, trabajadores, estudiantes que se interesan y apoyan a Vietnam. Ahí tratan de aportar una voz no partidaria, que represente a la mayoría de los vietnamitas, víctimas directas del conflicto. A través de un medio de información en inglés, francés y vietnamita, *El Loto*, mantienen informadas a millones de personas sobre la situación de Vietnam. Alrededor del monje zen y de Phuong se crea una red de miles de voluntarios sinceros.

Mientras tanto, en los meses siguientes a su llegada a París, Thay enseña historia del budismo en la Sorbona dos veces por semana, así como en la Escuela Práctica de Estudios Superiores, al mismo tiempo es conferencista e investigador. Se les une Ethelwyn Best, una dinámica inglesa de 78 años. Todos viven en la misma calle en Sceaux, a las afueras de París.

Los platos para lavar los platos

Con regularidad, reciben voluntarios que van a ayudarles en su trabajo. De regreso en coche al aeropuerto con una voluntaria estadounidense, ésta le declara cuánto disfruta ser vegetariana y qué alegría es para ella unirse a una comunidad tan comprometida con el vegetarianismo. Unos minutos más tarde, Thay le pide a la hermana Phuong que se detenga. Ella obedece, el monje zen baja y se dirige a una carnicería. Regresa con carne de pollo en la mano, que esa misma tarde se come en la cena en el departamento de Sceaux. Quizá sea la única vez que se vio a Thay alimentarse de carne.

Jim Forest va regularmente a pasar el tiempo con Thay y el pequeño grupo de vietnamitas. Sus experiencias al lado del maestro zen se forjan al ritmo de lo cotidiano y de innumerables tareas.

Recuerdo una vez, una tarde en compañía de amigos vietnamitas en un departamento pequeño de las afueras de París, a principios de los años 70. En el centro de la comunidad se encontraba el maestro Thich Nhat Hanh.

En la sala tenían una discusión interesante, pero esa tarde me había encargado de lavar los platos. Con las cacerolas, sartenes y platos sobre el mostrador de la cocina, me parecía estar casi tocando el techo de esa cocina del tamaño de un clóset. Me sentía realmente molesto. Estaba atrapado con innumerables platos sucios mientras en la sala tenían una gran conversación, afuera de la puerta y de mis oídos. De alguna manera Thich Nhat Hanh debió percibir mi irritación. De repente, se paró a mi lado. "Jim", y me preguntó, "¿cuál es el mejor motivo para lavar los platos?" Yo sabía que de repente me había confrontado con una de sus delicadas cuestiones zen. Traté de reflexionar cuál sería una buena respuesta zen, pero lo único que pudo salir de mi pensamiento fue: "Uno debe lavar los platos para que estén limpios". "No", declaró Nhat Hanh, "se deben lavar los platos para lavar los platos". Habría podido repetir esa respuesta durante decenas de años. Sin embargo, lo que dijo a continuación fue instantáneamente útil: "debes lavar cada plato como si fuera el niño dios". Esa frase tuvo el efecto de un resplandor. Aunque la mayor parte del tiempo lo hacía con el objetivo de que estuvieran limpios, había momentos en que esa atención delicada estaba presente. Como si cuidara al niño dios. Y cuando eso me pasa, pasa algo como llegar al monte de las beatitudes después de una larga caminata.

Un día, en el barrio que abriga la oficina de la delegación vietnamita, se presenta un periodista alemán. La hermana Phuong se entretiene durante tres horas con él. A él le parece que la oficina de la Goutte-d'Or es miserable. Con el argumento de que la oficina podría desacreditarlos, le aconseja recibir a los visitantes en lugares más amables. Thay y la hermana Phuong se sienten un poco ofendidos, pero terminan por aceptar la idea del periodista. Deciden recibir a los periodistas y otras delegaciones oficiales en el departamento opulento y decorado con pinturas vietnamitas del doctor Dung, en Sceaux. Los íntimos y los amigos siempre son recibidos en la oficina de la Goutte-d'Or.

Cada día aporta su *Loto* un conjunto de noticias que provienen de Vietnam, a menudo desmoralizantes: llamadas de auxilio, testimonios de abusos del régimen.

Permanecer en calma y sereno en estas condiciones es un trabajo de cada instante. Thay apoya a la hermana Phuong, a quien afectan mucho estas noticias. Se pasa noches enteras en el teléfono hablando con vietnamitas que huyeron del país.

En su nueva vida parisina, a pesar de las pesadas responsabilidades que carga sobre sus hombros, Thich Nhat Hanh se alegra de las auroras en la tierra que lo cobija, pone su conciencia en su respiración, saborea el cielo de un azul intacto; después, un sentimiento de gratitud infinita llena la totalidad de su ser. El espectáculo de un cielo puro basta para exaltarlo. La vida es una maravilla y hace mucho tiempo que el monje zen ha elegido su campo. Nada podrá jamás llevar su espíritu más allá que sobre esas tierras puras. Los hombres se desgarran, sus combates y su violencia los alejan cada vez más de ellos mismos. Olvidan que la esencia de la vida es el amor, y que en cada uno reside una parcela de esa bondad infinita llamada la naturaleza de Buda. En la ausencia de esa energía de bondad pura, ninguna creación es posible. Entonces, les hace falta preservar la vida, proteger a los más vulnerables, convertirse en representantes de aquellos a quienes nadie escucha, proteger la naturaleza y, cada día, reconocer la belleza de la vida a través de esta. ¿Reconocer no es amar?

Un llamado por la naturaleza

Las noticias de Vietnam enseñan a Thich Nhan Hanh y a la delegación cuánto destruye la guerra a la naturaleza. En 1970, el paisaje del distrito de Cu Chi en Vietnam es irreconocible, no queda nada vivo, ni vegetación, ni animal, ni humano; es una tierra de nadie en la superficie, y bajo el sol, una sucesión enredada de cráteres de hasta 10 metros de profundidad. Los Estados Unidos ganaron una batalla decisiva contra la guerrilla subterránea, pero a qué precio.

Thay elabora un proyecto de protección del medio ambiente junto con Alfred Hassler, Ethelwyn Best, Dorothy Murphy, una voluntaria muy comprometida, y la hermana Phuong. El proyecto es especialmente innovador en un contexto donde se habla aún muy poco del ambiente. En efecto, la guerra no solamente ha matado hombres y mujeres, la naturaleza también paga un pesado tributo. Pasan juntos largas horas meditando sobre el que se debía hacer.

El proyecto se llamará *Dai Dong*, que significa "gran unidad" en vietnamita, y se propone superar las divisiones nacionales e ideológicas para crear una verdadera comunidad humana. Se crea una bandera compuesta de flores y rostros de niños. *Dai Dong* está patrocinado por el Movimiento Internacional de la Reconciliación y se organiza una agrupación en Menton, al sudeste de Francia. Phuong describe a un auditorio compuesto por científicos cómo la guerra destruye el medio ambiente. La perspectiva de una guerra total que desemboca en la desaparición de la vida sobre la Tierra, desafortunadamente, ya no está en el orden de la ficción. El "Mensaje de Menton" es un llamado ecológico a los gobiernos que reunirá más de 5 000 firmas de científicos influyentes de todo el planeta. Entre los firmantes se encuentran Jean Rostand, Paul R. Ehrlich y René Dumont. Después, el mensaje es enviado al secretario general de las Naciones Unidas.

Los firmantes no hacen referencia a valores religiosos, sólo se definen como "biólogos y ecologistas". Se basan en la constante siguiente: la multiplicación de los problemas arriesga la aniquilación de toda la vida sobre la Tierra. El deterioro del medio ambiente afecta progresivamente al mundo porque las nuevas tecnologías, como la nuclear civil, son indiferentes a las repercusiones eventuales. La situación es alarmante. El primer tema de preocupación de estos eruditos concierne al terreno biológico: la tecnología perturba la complejidad de la vida. Los recursos naturales, limitados, se gastan poco a poco; además, la sociedad industrial gasta una buena parte, de los cuales muchos no son renovables. En este contexto, los científicos también temen que la carrera espacial contribuya al problema. En pocas palabras, el crecimiento demográfico no puede seguir al ritmo actual. Finalmente, la guerra constituye el último tema de inquietud.

Así, los firmantes del "Mensaje de Menton" desean que los esfuerzos financieros destinados al armamento o a la conquista espacial, se reorienten en favor de las investigaciones por la supervivencia de la humanidad. Éstos cobran entonces una dimensión verdaderamente internacional. En lo inmediato, el mensaje propone la aplicación de tres medidas que consisten, en un principio, en "diferenciar la aplicación de las innovaciones tecnológicas de las que no estamos en posibilidades de prever los efectos"; después, "aplicar las técnicas que existen para controlar la contaminación en la producción de energía y en la industria en general" y, finalmente, "encontrar un medio de abolir la guerra" destruyendo progresivamente las armas.

La posteridad demostrará que este llamado era importante. Se establecen las relaciones entre guerra, la destrucción del medio ambiente y la pobreza. En Francia, desde 1971, nacen varias iniciativas en favor de la protección de la naturaleza, como el Manifiesto por la Supervivencia del Hombre, de Georges Krassovsky, o incluso el lanzamiento de la redacción de una "Carta de la naturaleza", que reúne a las asociaciones de protección del medio ambiente. Al año siguiente, en junio de 1972, las Naciones Unidas organizarán una conferencia sobre el medio ambiente en Estocolmo.[112]

La Guerra de Vietnam fue una guerra química. Varios millones de litros de defoliantes se vertieron sobre los campos. Es inconmensurable la luz y la fuerza interior que se necesita para no caer en un nihilismo destructor ante el espectáculo de un sinsentido como este, de un grito que carece de conciencia y termina por volverse una injuria a la vida. Sólo la luz interior parece capaz de iluminar perdurablemente las situaciones más trágicas. Thich Nhan Hanh y Alfred Hassler están decididos a transformar la cólera en un proyecto positivo y constructivo.

La conciencia ecológica de Thich Nhan Hanh reposa sobre una de las enseñanzas del Sutra del Diamante. Considera que una persona que trabaja por la protección del medio ambiente puede lograr librarse de las percepciones erróneas, en particular de la noción de

---

[112] La Declaración sobre el Medio Ambiente de Estocolmo prevalece hasta el día de hoy.

ser un "ser" separado del resto de la creación. "No hay un fenómeno en el universo que no nos concierna. Salvar nuestro planeta es salvarnos a nosotros mismos, a nuestros hijos y a nuestros nietos",[113] dice.

Con el apoyo de Alfred Hassler, a finales del año 1971, Thay y la hermana Phuong deciden lanzar una campaña llamada "Detener las masacres ahora", en colaboración con el Comité Internacional de Reflexión sobre Vietnam (CIRV). Durante este periodo establecen relaciones con numerosos grupos cristianos de Europa, "bodhisattvas" como el monje zen se descubre nombrándolos. En 1972, Thay participa en una conferencia del Consejo Mundial de Iglesias (CMI) en Ginebra. El reverendo Léopold Niilus, delegado del CMI, propone no aportar su apoyo más que a los oprimidos, y compara a Estados Unidos con unos bandidos que violan a una joven (Vietnam), a un lado de la carretera. A esto, el monje zen responde con mucha gentileza:

> [...] ¿Quién es el bandido en la Guerra de Vietnam? Para mí, los bandidos son aquellos que están sentados cómodamente en la Casa Blanca, en el Kremlin y en Pekín, y que brindan las armas, las ideologías y esconden la verdad, mientras dan órdenes para incorporar a jóvenes que son asesinados. Para nosotros, las jóvenes que son violadas no son solamente las campesinas inocentes y sin voz, sino también los soldados de los dos campos y los militares estadounidenses que no conocen nada de la historia y la realidad vietnamitas. Esperamos que puedan pensar con más atención en la situación de Vietnam.[114]

---

[113] "*There is no phenomenon in the universe that does not intimately concern us... To save our planet is to save ourselves, our children, and grandchildren...*", Thich Nhat Hanh, *Cultivating the Mind of Love*, Parallax Press, 2004.

[114] Chan Khong, *La Force de l'amour, op. cit.*

Durante esos años de activismo, el papel de Thich Nhat Hanh siempre fue discreto, con frecuencia dejaba que fuera la hermana Phuong quien hablara con las autoridades, organizara los llamados de auxilio, los viajes y los encuentros. Él era en principio un inspirador que aportaba un alimento espiritual que sostenía los esfuerzos de quienes lo rodeaban. Alrededor de una taza de té tomada con plena conciencia, cada uno podía tener una escucha atenta junto con una ardiente compasión. Las palabras que daban color a la profundidad de los silencios siempre eran justas.

En París, entre 1971 y 1973, ocurrieron las últimas negociaciones para poner fin a la guerra. Ahí, la hermana Phuong y Thay continuaron su actividad social al servicio de los huérfanos de Vietnam, instaurando un sistema de patronazgo entre los niños y los donadores. El monje zen se complacía en leer y traducir las cartas escritas por las familias vietnamitas, llenas de simplicidad. Se organizaron conciertos gracias a la participación de artistas franceses. Las ganancias íntegras beneficiaban a los niños de Vietnam. La hermana Phuong fue secundada por Laura Hassler, la hija de Alfred, y Jim Forest. Laura y Jim demostraron una gran atención hacia ella y los demás voluntarios vietnamitas, una delicadeza que agradaba a la hermana Phuong. Entre la familia Hassler y la pequeña comunidad fundada por Thich Nhat Hanh nació una relación indefectible.

Las bombas de la cólera

En octubre de 1972, el presidente Thieu, del gobierno del sur de Vietnam, se niega a firmar un acuerdo que estipula el retiro de todas las tropas estadounidenses del sur de Vietnam. Nixon y Kissinger toman entonces una de-

cisión fatal que va a sorprender por completo a los vietnamitas y a dejar estupefacto al mundo entero: los bombardeos de Navidad sobre Hanói y Hai Phong. Olas de
B-52 bombardean esta zona durante 12 días y 12 noches
entre la Navidad de 1972 y el año nuevo. La estación fe-
rroviaria de Hanói, el hospital "sueco" de Bach Mai, las
pagodas y las iglesias son agredidos indistintamente por
un diluvio de bombas. Asesinan a más de 1 600 civiles.
El objetivo de la operación es estar en posición de fuerza
durante las negociaciones.

Thich Nhat Hanh escribe cuán dolorosos son los
bombardeos, sin esconder la cólera que provocan en él.
Si la cólera está presente, es porque tiene razón de ser,
rechazarla o huir de ella sería en vano. Al contrario, la
cólera es una parte de sí mismo, de la que cuida con el
fin de transformarla. Las largas caminatas en conciencia por la campiña que lo rodea le permiten transformar
la cólera en energía de paz. Su cólera disminuye poco a
poco. Es momento de que la tristeza gane el corazón de
Thay. Se explica por muchas razones.

En Estados Unidos, el movimiento pacifista prosigue
en favor de la paz. Si cuatro años antes varios de ellos
nutrieron un interés real por la tercera vía propuesta por
los budistas, ya no es el caso. Thich Nhat Hanh, parti-
dario del cese al fuego inmediato de las dos facciones,
no es reconocido por la mayoría de los pacifistas. Estos
últimos, decepcionados por el cariz que toman los acontecimientos, exigen únicamente un retiro de las fuerzas
armadas estadounidenses y la victoria de Hanói, lo que
desembocará en una derrota pura y simple de Estados
Unidos. Para Thich Nhat Hanh, por una parte, ésta no es
una solución realmente, porque permitir que un bando
triunfe justificaría la razón de la guerra; aceptar la violencia parcial de uno de los bandos significaría negar la

suerte que soportaron quienes vivieron bajo las bombas. Por otra parte, sabe que la victoria de los comunistas del norte no significa el fin de los sufrimientos, sino lo contrario. Algunos testimonios revelan lo despiadados que se han mostrado los comunistas con los habitantes que no eran de los suyos.

Se organizan grandes congregaciones contra la guerra, pero la delegación vietnamita budista por la paz no es invitada, incluso cuando en Vietnam los bonzos se muestran especialmente activos contra la guerra. Los dirigentes del Movimiento de la Paz no les dan voz en el capítulo y rechazan que Thich Nhat Hanh se exprese, con el argumento de que es "políticamente inaceptable". Algunos incluso lo relacionan con las maniobras de la CIA.

Con respecto a los militantes pacifistas estadounidenses, la hermana Phuong relata en sus memorias: "Esas personas estaban tan convencidas de saber lo que ocurría en Vietnam, que estaban poco dispuestas a abrirse a otra percepción de la realidad". La monja zen desea una victoria total de la paz, no una solución superficial. El Movimiento por la Paz en Estados Unidos elige cerrar los ojos a la acción de los budistas, incluso cuando muchos duermen en prisión. Por el momento, Thich Nhat Hanh, opta por la vía del silencio, en sabia espera de poder un día decir la verdad. Sin embargo, estos acontecimientos socavan fuertemente su moral.

En junio de 1972, las Naciones Unidas organizan una conferencia en Estocolmo sobre el medio ambiente. La alegría de Thich Nhat Hanh y de la hermana Phuong palidece cuando se enteran de que su querido amigo, Thay Thanh Van, director de la EJSS desde el exilio de Thay, fue asesinado por un camión militar conducido por un soldado estadounidense ebrio. Durante los funerales, los estudiantes voluntarios de la Escuela redactan un breve discurso en el que anuncian que no culpan a nadie. "La vida de Thay Thanh Van era de amor y generosidad, su muerte debe ser igual".[115] Thay y la hermana Phuong están devastados por la pérdida de su amigo, que era para ellos más que un hermano.

En total, la Guerra de Vietnam habrá costado la vida a 3 000 000 de vietnamitas, y a 57 000 estadounidenses.

Armisticio

Aunque en el territorio vietnamita aún prosigue el tumulto y el furor de las armas, en París, al amparo de los combates, se siguen negociaciones diplomáticas ásperas y estratégicas. Estados Unidos se compromete a retirar sus tropas en 60 días, siempre que los norvietnamitas se comprometan a liberar a sus prisioneros estadounidenses. Esto desemboca, el 27 de enero de 1973, en la firma de los acuerdos del armisticio. Thich Nhat Hanh se encuentra en Bangkok, donde participa en una reunión confidencial con dos de sus antiguos colaboradores, Thay Thien Minh y Thay Huyen Quang. Al conocer la noticia, escribe los versos de un soberbio poema a propósito de la paz reciente; en él evoca a Nhat Chi Mai, la joven monja que se inmoló en 1967, como una "rama de ciruelo florido".[116]Recibe un telegrama de felicitaciones de Alfred Hassler.

Dos de los principales negociadores, el consejero especial de Nixon, Henry Kissinger, y Le Duc Tho por Vietnam del norte, se reúnen muchas ocasiones en el se-

---

[115] Ver www.jimandnancyforest.com
[116] Hermana Chan Khong, *La Force de l'amour, op. cit.*

creto más total en Gif-sur-Ivette, y serán recompensados
con el Premio Nobel de la Paz en 1973. Sin embargo, Le
Duc Tho rechaza el premio, pues estima que la guerra
no ha terminado. En efecto, la guerra no se detiene entre los comunistas y los prooccidentales, hasta la caída
de Saigón y la reunificación del país bajo la égida de los
comunistas en 1975.

En marzo de 1973, Thich Nhat Hanh y los monjes
reunidos en Bangkok dirigen al presidente de la Iglesia
budista y a todos los monjes y monjas de Vietnam una
petición: "Esperamos que puedan pasar algunos días por
semana con los niños y huérfanos que tanto han sufrido
en la guerra".[117] Durante los dos años siguientes, serán
creados más de 300 centros de cuidados.

Estas noticias alentadoras reavivan el deseo de Thay
de volver a ver Vietnam. La pagoda An Quang, sede de
la Iglesia Budista Unificada, emitió una solicitud de visa
en nombre de Thich Nhat Hanh junto con las autoridades vietnamitas. Para completar este trámite, pide su
apoyo a Alfred Hassler y a varios miembros de la asociación FOR. En un primer momento, esta última se muestra poco favorable, pues teme por la vida de su amigo
vietnamita y argumenta que sería mucho más útil si tra-
bajara en el extranjero, pero el deseo de Thay de volver
a ver Vietnam es tan profundo, que termina por aceptar
brindarle su apoyo. Sin embargo, a pesar de los esfuerzos
diplomáticos, la visa se hará esperar... algunas décadas.

---

[117] *Ibid.*

Más raro que un diamante de 1000 quilates

Entre sus peregrinaciones internacionales y su trabajo humanitario, Thich Nhat Hanh encuentra refugio en una casa rural y calurosa en la comuna de Font Vannes, cerca de Troyes, en Champaña. En el momento de la adquisición, la propiedad está inhabitable. Gracias a la ayuda de numerosos amigos, los trabajos de arreglo van a permitir hacerla confortable para vivir. A la manera vietnamita, el piso se recubre de esteras de bambú y tapices. Una de las habitaciones parece el taller de una imprenta con papel y una máquina de escribir, en medio hay tubos de pegamento en frascos antiguos. La comunidad es bautizada como *Patates Douces*, un alimento consumido por las clases pobres de Vietnam.[118] La idea que condujo a optar por este nombre es permanecer en relación con la realidad de los campesinos.

En Patates Douces, Thich Nhat Hanh puede dedicarse a la jardinería que tanto aprecia. No es raro encontrarlo a la una de la mañana, bajo el cuarto de luna, regadera en mano, entre plantas de jitomates y lechugas.

La esperanza y el optimismo de la comunidad donde viven Thay, Sudarat, una joven tailandesa y Phuong, que llega el viernes por la tarde de París, impresiona a los visitantes. Jim Forest vive algún tiempo en Patates Douces. "Una noche, después de una larga jornada de trabajo, lo único que teníamos para alumbrarnos era la llama de una bujía. Laura tocaba la guitarra y cantaba baladas en voz muy baja, casi como una campana al viento. Luego ella contó la historia de un oso que despertó de su hibernación con la sorpresa de encontrarse en una fábrica...

---

[118] Los camotes o batatas.

'Había una vez, empezó ella, yo creo que era un jueves'... y al escucharla, todos nos tumbamos en el suelo y nos volvimos niños otra vez".[119]

En una carta a sus colaboradores, describe cómo reina en la comunidad algo "más raro que un diamante de 1 000 quilates". Una fe que puede mover montañas. La misma fe que, varios años antes, permitió a Phuong mantener la confianza en las zonas de combate donde los voluntarios ateridos de pánico escuchaban el silbido de las balas. Para Jim, la fe es una cualidad que los movimientos de la paz necesitan desesperadamente, porque demasiado a menudo estos grupos militantes se alimentan de malas noticias y de ira, y terminan por alentarla más que transformarla. Según él, lo que hace posible su capacidad de trabajo y tanta eficacia, sin poner en peligro las relaciones de la comunidad, así como su creatividad, es la práctica de meditación a la que se consagran muchas veces al día.

Las tardes terminan con un momento para compartir frente a una taza de té, a las 10:30. Esos momentos de calor humano son revitalizantes, los pensamientos desaparecen y sólo reina la presencia del instante. De hecho, gracias a la meditación, la energía se renueva cada día. Este proceso de regeneración brinda la fuerza para sobrepasar las dificultades. Si miraran hacia atrás y se desviaran por las terribles noticias de Vietnam, sus actividades fra-

---

[119] *One night, after a long day of work, we had only a candle for light. Laura played the guitar and sang ballads, all very quietly, almost like a wind-bell. Then she told a story about a bear that awoke from hibernation to find himself in a factory. "Once upon a time, she began, I think it was on a Thursday..." And we all lay on the floor in the dark, turned into children again"*, www.jimandnancyForest.com

casarían. Sin embargo, la mirada de los miembros de la comunidad de Patates Douces se vuelve hacia el interior, donde reside el corazón ardiente de su energía. A las 11, apagan las lámparas.

El lugar pronto se convierte en una especie de centro de congregación y peregrinaje para un número siempre creciente de amigos de la comunidad. Una vez al día, todos los invitados parten a una procesión silenciosa dirigida por Thay. La caminata está precedida por sus consejos: caminar lentamente, tomar conciencia de la respiración, mientras al mismo tiempo se es consciente de cada paso, porque cada momento de contacto entre el pie y la tierra es como una plegaria para la paz. Los invitados forman una sola fila, se desplazan despacio, profundamente conscientes de la textura de la tierra y la hierba, del olor del aire, del movimiento de las hojas en los árboles, del ruido de los insectos y los pájaros. Jim Forest, que participa en varias ocasiones, dice que le recuerda las palabras de Jesús: "Uno debe ser como los niños pequeños para entrar al reino de los cielos". En esta marcha atenta, hay algo de regreso a la hipervigilancia de la infancia. El título original del primer libro en inglés sobre la meditación es además, *Le miracle est de marcher sur la terre* (*El milagro de caminar sobre la tierra*).

Los versos de poemas especialmente hermosos compuestos por Thay o sus allegados se musicalizan y son cantados por miembros de la comunidad. A primera vista esta práctica, que siempre se ha realizado en el seno de comunidades de la Orden del Interser, puede parecer excesivamente ingenua. Pero se trata de esa dimensión poética de Vietnam que la hermana Phuong y Thay nunca abandonaron, y la práctica de estos cantos revela una dimensión espiritual muy profunda.

Socorro a los refugiados

El brutal cambio político del sur de Vietnam, que acompañó el fin de la guerra en abril de 1975, y la unificación del país bajo la autoridad del norte comunista, lograda oficialmente el 2 de julio de 1976, provoca una ola de migración hacia Francia y otros países de Europa y América de Norte, así como hacia Australia. Entre 1976 y 1977, en el golfo de Siam, Thich Nhat Hanh organiza misiones de salvación de refugiados que huyen de la guerra en embarcaciones improvisadas —que llamaría desde entonces *"boat people"*— provenientes de Vietnam, de Camboya y de Laos.

En septiembre de 1976, cuando Thay participa en la Conferencia Mundial de Religiones por la Paz en Singapur, van a su encuentro varias mujeres vietnamitas para informarle que están tratando de salvar a los refugiados, pagando barcas de pesca que escolten discretamente a los inmigrantes hasta las embajadas de Francia y Estados Unidos. Pero como otras personas están a punto de ser lanzadas al mar, ellas desean que el monje zen sea testigo.

Thay está conmocionado. Ante la Conferencia Mundial de Religiones por la Paz, lee un poema muy hermoso titulado "Al profesor Yoshiakai Isaka", que enseguida es difundido en los medios occidentales y del cual presentamos un extracto:

Ustedes velaron hasta tarde esa noche, hermanos míos,
Porque los *boat people*
En altamar
No está segura de que exista la humanidad.

Su soledad
Es muy profunda.
La oscuridad no hace más que uno con el océano
—y el océano es un vasto desierto.

Con valor, Thay inicia un trabajo de comunicación con las instituciones para informarles sobre la suerte de los *boat people*. Tiene la intención de renovar un navío para salvar a los sobrevivientes a pesar de la hostilidad de Tailandia, Malasia, Indonesia, Singapur y Hong Kong, donde buscan desembarcar los refugiados. Phuong trata de conseguir los fondos. Estas acciones contrarían al HCR (Alto Comisionado para los Refugiados), que vuelve a cuestionar las políticas de reglamentación sobre el asilo a refugiados en el seno de los países de Asia involucrados, así como los destinos finales, a menudo en Europa y en particular en Francia.

Las negociaciones son peligrosas, sus actos están en el límite de la legalidad cuando la gente de los *boat people* va a encontrarse con Phuong y Thay en su departamento de Singapur. Sin embargo, Thich Nhat Hanh parece creer siempre en esa bondad fundamental que se esconde tras las normas y costumbres oficiales. Cuando es necesario que tomen una decisión, por lo general polémica debido a las graves consecuencias políticas, Thich Nhat Hanh y la hermana Phuong pasan varios días en caminatas, meditación y revitalización; surgen entonces los pensamientos y las palabras justas para proseguir sus acciones. Finalmente consiguen el apoyo del embajador de Francia en Singapur, quien acepta protegerlos. El contacto con la gente de los *boat people* es para Thay una reminiscencia de la cruda realidad que vivió cerca de 10 años antes en el contexto de la guerra. En la seguridad de los refugios, escucha de su boca sus tormentos y sus miedos. Como la historia de una joven de 20 años, violada por los piratas, que desesperada prefirió pasar por debajo de la frontera y ahogarse.

Profundamente conmovido por la narración, Thay inicia entonces sus "propio trabajo de transformación". Se identifica tanto con los piratas como con la joven. Trata de descifrar por qué estos hombres pudieron actuar de esa manera. ¿Es la miseria, la falta de educación, la ignorancia lo que los conduce a cometer violaciones? Thay está seguro. Se pregunta: ¿cómo se habría comportado él si hubiera crecido en un contexto similar? Él es el fundador de la Orden del Interser. Al mismo tiempo que la sociedad causa indirectamente estos actos, cada uno tiene su propia responsabilidad. Los fenómenos de violencia que agitan al mundo son reflejo de la conciencia colectiva.

En el poema "Llámame por mis verdaderos nombres", que compuso en 1982, relata esta experiencia: "Yo soy la niña de 12 años, refugiada sobre una frágil embarcación, que se lanza a la mar después de haber sido violada por un pirata, y soy el pirata, en mi corazón ya no puede haber amor".

Para 1977, el flujo de refugiados ha aumentado tanto que el gobierno francés convoca a una conferencia en Ginebra. Ahora que la atención del mundo se enfoca por fin hacia los *boat people,* se logra la misión de Thich Nhat Hanh y su delegación.

De Vietnam a la Dordoña, la historia de una *sangha*

"Recuerdo que la última vez que me encontré con el doctor King, comentamos la idea de crear una comunidad. Desgraciadamente, Martin Luther King fue asesinado poco tiempo después y yo hice el voto de que, incluso en el exilio, redoblaría mis esfuerzos, pondría toda mi energía para crear esta comunidad bien amada de la que habíamos hablado",[120] dice Thich Nhat Hanh, el exiliado.

En el curso de los cinco años siguientes, entre 1978 y 1982, Thay se consagra principalmente a la práctica de la meditación, la escritura y a recibir visitantes que vienen a encontrar su camino de paz desde su ermita; donde además organiza la ayuda constante a los refugiados de guerra alrededor del mundo. Como se le prohíbe entrar a su país, es entonces en el oeste donde Thich Nhat Hanh sigue su lucha por la paz en Vietnam y por las libertades. Sigue practicando el dharma y dialogando con los demás. El odio, la ignorancia, la cólera, deben desenraizarse del fondo de los corazones para establecer un mundo en paz.

Entre 1980 y 1990, Thay y sus colaboradores elaboran prácticas y enseñanzas destinadas a los occidentales para desarrollar y cultivar la capacidad de ofrecer respuestas frescas, creativas y no violentas a situaciones de injusticia, brindando compasión a los desafíos del mundo contemporáneo y alentando la trasformación de la violencia en conciencia plena. Multiplica las intervenciones públicas y de enseñanza.

Para el año 1982 se perfila una nueva etapa en la vida del monje zen, desde entonces con una aureola de renombre internacional.

---

[120] www.jimandnancyforest.com

El poblado de Pruniers

La fama de Thich Nhat Hanh atrajo cada vez más amistades a la comunidad de Patates Douces, al punto de que en el momento es difícil tener contentos a todos los que desean recibir las enseñanzas del budismo zen e iniciarse en los beneficios de la conciencia plena. Apenas es posible acoger grupos de 30 personas, cuya estancia debe acortarse a una semana para dejar el lugar a los siguientes asistentes.

Siempre secundado fielmente por la hermana Phuong, Thay se da cuenta de que hace falta encontrar un lugar más grande para responder a las exigencias del noviciado y de quienes acuden de numerosos países para aprender las enseñanzas.

Naturalmente, su mirada se posa en el sur de Francia, de clima más cálido y propicio para el desarrollo de variedades de cultivos vietnamitas, como ciertas hierbas de olor o los melones amargos. La idea es encontrar una granja en buen estado, con suficiente lugar para crear un espacio de comunión y retiro más vasto.

De camino a la Provenza, pronto los desalienta un fuerte viento que ambos toleran mal. Entonces dirigen su atención hacia el oeste, en dirección de Toulouse y Burdeos, una región menos sujeta a los caprichos del viento. Recorren la campiña, escrutan los periódicos locales para encontrar una buena oportunidad, visitan varias granjas abandonadas. Es primordial encontrar un entorno en concordancia con su inspiración profunda.

Fue en Thénac, en Dordoña, donde Thay parece encontrar lo que busca en una propiedad de ocho hectáreas con viñedos y rodeada de colinas rocosas, sobre las que se levantan tres edificios de granjas centenarias que anteriormente estuvieron destinadas al ganado. Visitan una docena de granjas, pero finalmente es por esta de Thénac por la que se deciden Thay y la hermana Phuong, después de que una tormenta de hielo destruye los viñedos.

Llegado desde hacía poco a Francia con su familia, el último secretario de la EJSS, Nguyen Thieu, deseaba unirse pronto al proyecto y también planea comprar una granja en los alrededores. Encuentra una cerca de la de Thay, de 21 hectáreas con cinco edificios a solamente tres kilómetros de ahí, que compra también en nombre de la comunidad de Thay. Numerosos amigos y fieles seguidores los ayudan en el financiamiento del lugar. La granja de Thénac se llamará desde entonces "la aldea de arriba", y la granja de Loubes-Bernas "la aldea de abajo", ambas reagrupadas con el nombre común vietnamita *Lang Hong*[121] (villas de árboles de caquis).

Quieren hacer del pueblo un "refugio de paz para los trabajadores sociales". Ciertamente, hay mucho trabajo que hacer para arreglar los viejos edificios bicentenarios.

En 1981, Thay invita a algunos de los numerosos estudiantes laicos y monásticos que practican y estudian con él en Occidente, para que se unan a la orden y hagan una ceremonia de ordenación. Desde hace 15 años no se ha ordenado a nadie. Muy rápidamente, el pueblo está en condiciones de acoger a nuevos allegados, entre los cuales se encuentran refugiados que recientemente pisaron suelo francés. La comunidad de Patates Douces se instala ahí en el otoño de 1982, y todos pronto se da-

---

[121] Nombre de un antiguo proyecto de centro de retiro en Vietnam que jamás vio la luz.

rán cuenta de que el lugar es ideal para establecer ahí un centro de dharma, ya que la naturaleza es acogedora en todas las estaciones. Thay hace quitar los viñedos para plantar 1 250 ciruelos, una cifra sagrada. El desarrollo de la producción y venta de ciruelas ofrece una seguridad financiera al pueblo; una parte también está dedicada a obras sociales.

Vietnam vuelve a cerrarse

A medida que Thay y la comunidad echan raíces en Francia, el sueño de un regreso a Vietnam se hace cada vez más hipotético. Allá, a partir de 1975, el régimen victorioso se revela cada vez más autoritario. Como si el país no hubiera sufrido lo suficiente por las invasiones extranjeras desde hace decenas de años, vuelve a cerrarse sobre sí mismo. Un aislamiento que pasa por la violencia. El poder lleva a una política de fuerte represión en cuanto a los ambientes intelectuales y artísticos, pero también ingenieros y médicos sufren arrestos, torturas y encarcelamientos. El miedo y la sospecha no han desaparecido de los espíritus, al contrario. Los intelectuales son enviados a un campo de "reeducación".

Luego de 15 años de un conflicto devastador en el que Vietnam recibió sobre su suelo siete millones de toneladas de bombas, tres veces más que toda Europa durante la Segunda Guerra Mundial, llega la hora del ajuste de cuentas y se acelera la salida de miles de vietnamitas. Del lado de la prensa extranjera reina un silencio absoluto; no está lista para abrir un nuevo capítulo sobre la historia de Vietnam, después de que el tema ocupara el primer lugar de las redacciones durante tantos años.

A principios de la década de 1970, Joan Báez se une a las filas de Amnistía Internacional y publica una carta abierta donde denuncia la violación de los derechos humanos por las autoridades vietnamitas. Esta publicación provoca numerosas reacciones de oposición por parte de los militantes de izquierda.

El sentido del deber al servicio del pueblo de Vietnam conduce a la delegación vietnamita, con Phuong y Thich Nhat Hanh a la cabeza, a alertar a las asociaciones internacionales encargadas del respeto a los derechos del hombre sobre los atropellos del régimen perpetrados a puerta cerrada. El director de la EBU, la Iglesia Budista Unificada de Vietnam, Thay Man Giac, huye en marzo de 1977 con una carta preparada para el comité ejecutivo que exige ayuda. La carta, acompañada de fotografías de estatuas de Buda dinamitadas por los cuadros comunistas, expone 86 casos de violaciones religiosas.

La hermana Phuong hace todo lo que está en sus manos para alertar a los gobiernos. Poco a poco se organiza una presión internacional sobre las autoridades vietnamitas. A inicios de la década de 1980, los habitantes que no huyeron por mar se ven obligados a procurarse los bienes de primera necesidad por medio de boletos de racionamiento. Los budistas, bajo la influencia de Thay, siempre cultivaron la conciencia de que ningún hombre es el enemigo; sólo lo son la ignorancia, la cólera y el odio. Durante la guerra ven por la seguridad de todos sin distinción, una conciencia preciosa en un país abusado y traumatizado, donde las guerras y dificultades alimentaron la división.

En el fondo, Thich Nhat Hanh nunca se despojó realmente de la visión que lo había marcado tanto de niño: la imagen de Buda resplandeciendo de poder y paz. El voto de servir a todos los seres lo hace escalar los senderos más sinuosos.

En el poblado de Pruniers la vida se organiza progresivamente alrededor de Thay y la hermana Phuong, que guían a la comunidad con mano firme, en el interés de las tareas cotidianas. Las familias de refugiados vietnamitas, practicantes budistas occidentales, veteranos estadounidenses o lectores de los libros de Thay, van a pasar varios días o meses en el pueblo. Trabajos de diseño y de jardinería ocupan una buena parte del tiempo de los residentes. Cuando se escucha el sonido de la campana, se suspenden movimientos y gestos, y la conciencia se vuelve a centrar en la respiración: un retorno a lo esencial que se vive por intervalos, varias veces al día. Después de los años turbulentos entre Estados Unidos y la región parisina, vividos al ritmo de las noticas de la Guerra de Vietnam, entrecortados por manifestaciones y encuentros con centenas de personas, llamadas de ayuda, misiones de refugio y plegarias, Thay disfruta un poco de reposo en contacto con la naturaleza. Él, que siempre amó usar guantes de jardinería, se entrega a este placer gustosamente.

En el pueblo se aprende a nutrirse, a observar con las "dos joyas" que son los ojos, como les llama Thay, a vivir, a relajarse. Se instaura un "día de la pereza". Se consume comida vegetariana, siempre en plena conciencia. La más mínima cereza o el mínimo pedazo de pan deben masticarse con lentitud y conciencia, con el fin de apreciarlos y saborearlos en su justo sabor. Progresivamente, el ejercicio brinda un refinamiento de los sentidos, el placer de contentamiento aparece naturalmente. Se practican meditaciones guiadas bajo los árboles. Se actúa sabiendo que cada uno de tus actos no daña al planeta sino que lo protege, lo que es también una gran fuente de bienestar.

Thay practica la caligrafía, que se vuelve casi una marca de fábrica de su enseñanza. Algunos versos deslizados sobre el papel en plena conciencia son un placer para la vista.

En esta atmósfera pacífica, desprovista de competencia, la gentileza y el servicio son gratuitos y desinteresados, se abren los corazones más duros, las sonrisas vuelven a aparecer, hay un gusto de felicidad en una simplicidad radiante. Un discípulo que suele aparecer en Pruniers confesará haber "visto personas transformarse porque estaban bien acogidas".

La concepción de la comunidad que presenta Thay difiere de la vía tradicional del budismo propuesto en Vietnam, incluso cuando prefiere hablar de renovación en la continuidad. Las mujeres ocupan el mismo rango de importancia que los hombres en la jerarquía monástica. Como lo experimentó con éxito en Vietnam en el seno de la Escuela de la Juventud para el Servicio Social, desea que las relaciones se establezcan entre miembros de la comunidad y laicos, y también entre los monjes que se ponen al servicio de la población.

En un inicio, Thay no tenía intención de ordenar ni de convertirse en maestro de discípulos. Sin embargo, en un viaje a Estados Unidos, piensa en reconsiderar su postura.

Debemos apoyarnos unos a otros, y la práctica de los preceptos es muy importante para ello. No podemos practicar la meditación solos. Practicamos con un maestro y con amigos. Cuando tienes una buena *sangha*, tu práctica es sencilla, porque está apoyada por la *sangha*.[122]

---

[122] *"We do not practice meditation alone. We practice with a teacher and with friends. When you have a good sangha, your practice is easy, because you are supported by the sangha"*, Thich Nhât Hanh, "Five Wonderful Precepts", *The Mindfulness Bell*, número 1 vol. 2 (primavera-verano de 1990).

Durante los ocho años siguientes, más de 5 000 personas alrededor del mundo recibirán los "Cinco entrenamientos de la conciencia plena" en ceremonias formales conducidas por Thay, o por un maestro nombrado por él. Jóvenes monjes y monjas aprenden también a través de su contacto, ocupándose del monje zen y sirviéndole.

Thich Nhat Hanh perpetúa la tradición de las ceremonias a los ancestros. En esos momentos, los testimonios lo describen como otro hombre. Ya no es el maestro ni el guía, sino un hombre de linaje, totalmente concentrado en el cumplimiento del ritual.

A medida que la comunidad se desarrolla, Thay prosigue su trabajo de escritura y publica regularmente nuevas obras que tienen una audiencia cada vez mayor. Sus ideas son traducidas del vietnamita al inglés por Nguyen Anh-Houng, Mobi Warren y la hermana Annabel Laity, y sus obras son traducidas a una treintena de lenguas; ganan un gran público en Estados Unidos por intermediación de dos editoriales, Boi Press para las publicaciones en vietnamita, y Parallax Press para las publicaciones en inglés. Parallax, fundada por Arnold Kotler y Therese Fitzgerald, se convierte en un proyecto llevado por la Comunidad de la Vida en Conciencia Plena que, dos veces al año, coordina las giras de Thich Nhat Hanh en Estados Unidos, publica *La campana de la conciencia plena*, el diario de la Orden del Interser y desarrolla las acciones comprometidas socialmente con veteranos y prisioneros, así como con niños y familias de Vietnam.

El dolor de los soldados estadounidenses

En el territorio devastado de Vietnam, el retiro total de las tropas se hizo efectivo en 1975. En varias etapas, los jóvenes estadounidenses volvieron a su país. Atravesaron esos años con un miedo adherido al cuerpo. Cuando no estaban en las playas de China beach, donde se relajaban por medio de fuertes dosis de alcohol y drogas, ni un segundo de su existencia en Vietnam pasaba sin tensión. En los últimos meses de guerra, varios no podían dormir más que con sustancias. 40 000 soldados estadounidenses se volvieron heroinómanos durante de la guerra.

De regreso a Estados Unidos, constatan con amargura que la vida continuó su curso, rutinario, dolorosamente indiferente y que no les pertenece en absoluto. Lo que se haya roto, no volverá a ser como antes. Los recuerdos de las atrocidades resurgen en todo momento del día y de la noche, el chirrido de una puerta hace que se sobresalten, son los síntomas del síndrome de estrés postraumático, la experiencia de la muerte y el sufrimiento los persigue. Para ellos, el infierno no tuvo fin en las fronteras de Vietnam. Por su intensidad, la guerra es la peor de las drogas, se vuelve alucinógena.

Si la guerra los pone al margen de la sociedad, el golpe más terrible es la visión de los jóvenes contestatarios que toman su guitarra y se permiten rechazar la guerra mientras ignoran todo. Los soldados se dan cuenta de repente de que ideológica, moral y físicamente nadie los apoya. Ya no son héroes, sus orgullosas condecoraciones no valen gran cosa, su compromiso, su buena voluntad y valor quedaron ultrajados por cuenta de los intereses militares y económicos, y para satisfacer el orgullo de una nación con ilusiones de todopoderoso. Sufren una agonía solitaria, con la única compañía de un cortejo de recuerdos macabros y el sentimiento destructivo de haber sido traicionados y humillados. Por lo menos 60 000 veteranos pondrán fin a sus días después de su regreso a

Estados Unidos, más del número de soldados que cayeron en combate durante toda la guerra.[123]

Los veteranos son fantasmas traumatizados de Estados Unidos, no se les ve y se evita verlos. El corazón de Thay desborda de compasión. Él conoce hasta los mínimos engranajes del conflicto. No deprecia ni desdeña a nadie. Sobre todo, conoce sus responsabilidades. Como discípulo del Interser, sabe que todos tenemos una parte de responsabilidad en la guerra. Debemos trabajar en nosotros mismos, así como con quienes condenamos, si deseamos verdaderos progresos. Entonces, ¿cómo abandonar a estos hombres a un sufrimiento como el que padecen? Entre los veteranos que se volvieron adictos en el desencadenamiento de la violencia con un fondo de marihuana y rocanrol, y el maestro que abraza la tierra a cada uno de sus pasos, que disuelve la cólera en cada una de sus respiraciones, la empresa parece tan saludable como inesperada.

Aunque la historia les da la espalda a los veteranos, el monje zen va a tratar de darles un nuevo comienzo. En 1990, Thay conduce una marcha meditativa compuesta de 400 personas hacia el memorial de los veteranos de Vietnam en Washington. Thay inserta retiros especiales entre los retiros clásicos destinados a los veteranos. Ellos se encuentran con Thay, intercambian y escriben en papel sus experiencias de la guerra. Después, acuden con sus escritos con los "no veteranos" que participan en el retiro clásico.

---

[123] Chuck Dean, *Nam Vet: Making Peace with your Past*, 2008.

Ustedes serán la cura de su nación

En uno de esos retiros organizados para veteranos, Thay dice estas palabras:

> Ustedes fueron enviados allá para combatir, destruir, matar y morir. Ustedes no eran los únicos responsables. Nuestra conciencia individual es el producto de nuestra sociedad, de nuestros ancestros, de la educación y de muchos otros factores... ustedes deben mirar profundamente para comprender cómo ocurrió esto. Su cura personal será la cura de la nación entera, de sus hijos y de sus nietos.[124]

Incita a los veteranos a convertirse en *bodhisattvas*, esos seres despiertos evocados en los capítulos precedentes que practican las virtudes búdicas para ayudar a la emancipación de otros. Lee Thorn es uno de estos hombres. Se describe a sí mismo como un "puto alcohólico, drogadicto, veterano de Vietnam". Él cargaba las bombas en los aviones que partían a machacar la península de Laos. "Comencé a escuchar hablar de Thich Nhat Hanh cuando regresé a Estados Unidos y militaba contra la guerra", narra Lee Thorn. "Amaba a todo el mundo y nosotros no amábamos a nadie. Empecé a leerlo cada día y, de inmediato, a seguir sus enseñanzas. Lo que comprendí con él es la necesidad de compasión. Por eso comencé

---

[124] *"You were sent there to fight, destroy, kill, and die. You were not the only one[s] responsible... Our individual consciousness is a product of our society, ancestors, education, and many other factors... You have to look deeply to understand what really happened. Your personal healing will be the healing of the whole nation, your children, and their children"*, Thich Nhat Hanh, *Love in Action*, Parallax Press, 1993, p. 87.

a trabajar en Laos".[125] El monje zen abrió el diálogo con los veteranos estadounidenses que sirvieron durante la Guerra de Vietnam. Alienta a los que se sienten heridos, física y psicológicamente por el conflicto, a convertirse en agentes de la reconciliación.

El camino hacia la reconciliación de Lee Thorn lo conduce hacia la realización de un trabajo concreto. Laos, que servía de base a la guerrilla comunista, fue abundantemente bombardeado por la aviación estadounidense. El país tiene el triste récord del país más bombardeado de la historia. Lee Thorn efectuó numerosas misiones de bombardeo sobre Laos, y desea reconciliarse con ese país y sus habitantes, divididos por años de guerra, desarrollando cooperativas de cultivo de café. Si Lee Thorn conoció el sufrimiento, consiguió transformarlo de manera positiva.

Thich Nhat Hanh, a quien sus discípulos cercanos llaman desde entonces "venerable", ofrece sus enseñanzas en toda Europa, Rusia, Australia, Nueva Zelanda, India, China, Taiwán, Corea, Japón e Israel. Los retiros dan nacimiento a 350 pequeños grupos de prácticas o *sanghas* alrededor del mundo. Sus desplazamientos se logran siempre en una gran simplicidad, incluso en condiciones rústicas.

Thay tiene la costumbre de enseñar que uno de los únicos objetivos de la meditación es hacer desaparecer la dualidad entre el ser y el entorno, los seres que los componen, y así dar nacimiento a la compasión. La realización de la interconexión entre los seres debe cultivarse en todas las circunstancias de la vida.

---

[125] Jean-Sébastien Stehli, "Le maître zen du Bordelais", *L'Express*, *op. cit.*

En enero de 1991, cuando amenaza con estallar la primera Guerra del Golfo, Thay está en Francia. Cuando escucha que el presidente Bush da la orden de lanzar la operación *Tormenta del desierto* en Irak, no puede dormir. Se siente encolerizado. Entonces trata de volver a su respiración y mirar profundamente dentro de sí mismo; se pone en la piel del presidente de Estados Unidos.

En nuestra conciencia colectiva, hay semillas de no violencia, el presidente Bush ha puesto en ejecución sus sanciones. Nosotros no lo hemos alentado lo suficiente y apoyado lo suficiente, así que ha pasado a una solución más violenta. No podemos culparlo a él en particular. El presidente actúa de esta manera porque nosotros habríamos actuado de esta manera.[126]

El 3 de marzo de 1991, al final de una carrera-persecución, el afroamericano Rodney King es golpeado brutalmente por la policía de Los Ángeles. La grabación en película de este arresto, que dura 9 minutos y 20 segundos, le da la vuelta al mundo. El hombre, con la mandíbula fracturada y el tobillo derecho roto, sale con 20 puntos de sutura, de los cuales cinco son en el interior de la boca.

En marzo de 1992, el juicio de los cuatro policías acusados desemboca en una absolución. Menos de dos horas después del juicio, comienzan disturbios en Los Ángeles que van a durar seis días. Se registraron más de 3 500 incendios y unas 60 personas perdieron la vida.

En el curso de estos acontecimientos, Thay ve las imágenes de violencia en la televisión francesa, se pone

---

[126] *Engaged Buddhism in the West*, Christopher S. Queen, Wisdom Publications, Boston, 2000.

en el lugar de la víctima, Rodney King. Percibe lo que el hombre ha soportado. "Todos hemos sido abatidos en ese momento. Todos somos víctimas de la violencia, de la cólera y de la incomprensión, de la falta de respeto hacia nuestra dignidad humana. Sin embargo, cuando veo a más profundidad, veo que los policías que golpean a Rodney King no son diferentes de mí mismo. Cometieron este acto porque la sociedad está llena de odio y violencia. Las cosas son como una bomba a punto de estallar y nosotros somos una parte de esta bomba, todos nosotros somos corresponsables. Todos somos los policías y las víctimas",[127] explica. Estas palabras pueden parecer difíciles de escuchar para quien vive en un país en paz, que no sienten en él ni cólera, ni odio. Nuestra ignorancia nos hace ver la multiplicidad y la separación entre nosotros mismos y el resto del mundo. Sin embargo, la indiferencia o simplemente la ignorancia hacia los otros, aquellos que sufren lejos de nuestra mirada, es en sí una violencia, incluso sin que nosotros tengamos conciencia. La pobreza, la violencia, la exclusión, la suerte de los animales nos concierne, somos parte responsable de todos los acontecimientos que ocurren sobre la Tierra. Económica, política, social y humanamente, estamos relacionados. Es por ello que las acciones realizadas por Thay, como en el caso de su experiencia con los *boat people*, superan los marcos políticos e institucionales. Sus acciones, al contrario, dan pie a una transformación de la conciencia. Dejemos que Thay describa la visión que lo habita:

> Pensamos que tenemos necesidad de un enemigo. No se trata sólo de creer que la situación del mundo está en las manos de

---

[127] *Ibid.*

un gobierno y que si el presidente puede llevar una justicia política, vendrá la paz. Nuestra vida cotidiana tiene que ver con
la situación del mundo. Si nosotros podemos cambiar nuestra
vida cotidiana, podemos cambiar a nuestros gobiernos y podemos cambiar el mundo. Nuestros presidentes y nuestros gobiernos son nosotros mismos. Son el reflejo de nuestra forma
de vida y de nuestra manera de pensar. La manera de beber una
taza de té; de tomar un periódico e incluso de utilizar el papel
de baño, tiene que ver con la paz.[128]

Desalojar los demonios interiores

¿Quién no ha sentido jamás esa repentina necesidad de
ayudar, de remediar, de apoyar a una persona desconocida o cercana, de sentirse preocupado con la mejoría de
la suerte de nuestros semejantes? Este sentimiento espontáneo es una manifestación de nuestra naturaleza fundamental, nuestra naturaleza de Buda. La voluntad de servir
denota el espíritu de *bodhicitta*, el espíritu del despertar.
Sin embargo, entre el deseo y su cumplimiento a menudo
hay una zanja difícil de flanquear, pues no conocemos el
arte y el método. Si este sentimiento puro no encuentra
una vía de cumplimiento, puede conducir a un frustrante
vacío interior.

Thay es un maestro porque su sola presencia apoya
y cura. Si ayudar y sostener fueran la única voluntad
personal, eso no sería suficiente. El amor debe emanar
del ser entero. Thay enseña a sus discípulos, en particular a los monjes de los monasterios, cómo convertirse
en esta presencia, en esta expresión del ser profundo,
amante y dulce. Como condición previa, debe estar feliz
consigo mismo. Ser paz, ser alegría, ser bienestar. Thay

---

[128] *Ibid.*

invita a cada uno a revelar lo mejor de su ser interior. Ser agradable, atento y pleno de esta frescura vivificante que él mismo conserva a pesar de los años. Esta actitud no es una máscara superficial, es el fruto de una transformación profunda, de una educación del ser, que comprende en su sentido puro y noble. La plenitud de estas cualidades es comparable con los pétalos de la flor de loto, la cual hace sus raíces en el fango y en la tierra, es decir, en las profundidades del ser y de su psique. Sus raíces le brindan la fuerza, y las hace inalterables. Thay conserva también ciertas imágenes o sonidos contra las emociones que pueden causarnos ciertas situaciones. Con frecuencia nos identificamos fácilmente con la víctima mientras el objetivo consiste en ser siempre uno mismo.

La atención al escuchar, la disponibilidad y la compasión que deben mostrar los monjes y monjas de las comunidades han abierto un horizonte nuevo a numerosas personas. Desalojar los sufrimientos que portamos en nosotros mismos se ha vuelto un objetivo primordial de Thich Nhat Hanh. Como las raíces de las guerras se encuentran en el corazón de los beligerantes, estadounidenses, rusos, franceses, el líder budista hace un trabajo de reconciliación de occidentales. Las guerras mundiales sucesivas canalizaron una violencia latente. Alimentaron la humillación, el odio y la ignorancia. Hoy, la energía de sufrimiento no se encarna ya en la violencia de un ejército o en las heridas corporales, su manifestación es de orden psicológico: palabras desplazadas, mezquindades, hostigamiento, adicciones, perversión o, peor, abuso sexual o maltrato que empieza entre los miembros de una misma familia, entre esposos, entre padres e hijos, entre miembros del mismo equipo de trabajo. En fin, la falta de amor se convierte en una violencia que uno se impone a sí mismo, y después a los demás, lo que perpetúa el ciclo del sufrimiento.

La asistencia al poblado de Pruniers, siempre en aumento, no deja de rendir beneficios múltiples. Las 100 personas que fueron recibidas en 1982, serán el doble al año siguiente, para esperar en algunos años las 1 000 personas del mundo entero que se acogen cada verano en el poblado y en los alojamientos de alrededor, para participar en festivales, hacer retiros, practicar la meditación sentada, la meditación en caminata, la meditación del té, la meditación del trabajo y recibir las enseñanzas que Thich Nhat Hanh da en vietnamita, en inglés o en francés, pero que igualmente se traducen al alemán o al italiano. Asimismo, se desarrollarán numerosas actividades culturales, notablemente destinadas a los niños que se revelan especialmente sensibles a la práctica de la conciencia plena.

¿Cómo explicar un éxito como este? Thay es un maestro a la vez poderoso y simple, imperturbable y de una gentileza conmovedora. Su enseñanza está a la altura de la época, orientada hacia el desarrollo personal y el conocimiento de uno mismo. Comprender que somos el actor principal del escenario de nuestra vida, que con un cambio de conciencia se abre ante nosotros un campo de posibilidades, constituye uno de los avances más grandes de las últimas décadas en Occidente. Desde la década de 1960, cada vez son más numerosas las personas que ya no conciben el bienestar en función de las condiciones exteriores; se dan cuenta de que son responsables y creadoras de sus vidas. Como si, de repente, retomaran el poder sobre su existencia, con dulzura. En esta óptica, la enseñanza de Thich Nhat Hanh propone deshacerse de ciertos hábitos, comprender emociones gracias a la investigación interior. La fuerza de la vía que propone el maestro zen no puede reducirse a simples ejercicios de desarrollo personal; tiene su fuente en el budismo y, a un cierto nivel, inicia a los adeptos en nociones profundas de las enseñanzas de Buda. Thay enseña a permanecer vivo en las sociedades estancadas en el materialismo.

La hermana Gina pertenece al círculo restringido de monjes del poblado de Pruniers. Si se le pregunta cómo entiende su compromiso, responde:

> Para cada quien es diferente. A mí lo que más me importa, más que los estudios, por ejemplo, es la vida comunitaria. Es una práctica de cada minuto, porque cada minuto tengo que hacer frente a la capacidad de amar, y la tengo o me falta. La percibo, sé si la tengo o no y sé que mi camino es tenerla. Soy responsable de quienes viven aquí y también de aquellos que sólo están de paso. Tengo que reconocer qué necesitan esas personas para desarrollar y manifestar el amor. Tengo que ayudarlas a trabajar sus puntos fuertes y transformar sus puntos débiles. Como yo misma, me enfrento a mi fuerza y a mi debilidad.[129]

En 1949, cuando era un monje joven, Thay aún no había captado la profundidad y el significado del nombre "Phung Xuan", "reencuentro con la primavera", que se le dio. La meditación Phung Xuan se opone a la meditación Kho Moc, "el árbol seco, muerto", que es una práctica rígida, sin alma, sin alegría, destinada a destruir todo tipo de deseos, incluso el deseo del bodhisttva de volver. Se quiere uno desapegar de todo y se desenraizan todos los placeres y todos los deseos. Phung Xuan es exactamente lo opuesto, un poema dice: "una gota de rocío que cae de la rama de un sauce que sostiene el bodhisttva basta para devolverle la vida a un árbol muerto". Regar el

---

[129] Jean-Pierre y Rachel Cartier, *Thich Nhât Hanh. Le bonheur de la pleine conscience*, La Table Ronde, 2001.

árbol muerto es como hacer volver a la primavera. Ahora comprendo que mi maestro quería que mi práctica llevara verdor y alegría a la gente. Nhat Hanh significa "una acción, una práctica".[130] Se da cuenta de que devolver la vida a lo muerto es precisamente su misión desde que abandonó el monasterio, hace años.

La partida de Alfred

Los comienzos de la década de 1990 ven la muerte de su viejo y querido amigo Alfred Hassler. Desde hace varios largos meses sufría de cáncer y estaba hospitalizado en el hospital del Buen Samaritano en Nueva York. A los ojos de Thay, Alfred Hassler estaba entre los verdaderos héroes, quienes habían dedicado su vida al servicio de los demás. Elogiaba su idealismo y su valor, pero también su realismo y su sentido de organización. Era un bodhisttva.

Cuando Thay, acompañado por la hermana Chan Khong, visita el hospital, a Alfred le queda poco tiempo de vida. A pesar de la gravedad del momento, el reencuentro con la familia Hassler, Laura, su hermana Dorothy y su madre, es caluroso. Las manos de Thay toman las de Laura e intercambian algunas palabras. Quizá sea la presencia plena y entera de los dos visitantes la que hace la visita tan reconfortante. Alfred está en su cama, donde se sumergió en un coma desde hace varios días. Con dulzura, Thay le murmura algunas frases al oído: "¿Te acuerdas, amigo mío, cuando nos conocimos?" Después le pide a la hermana Chan Khong

---

130 Entrevista realizada por Vincent Bardet para el sitio Buddhaline. net

que cante una canción cuya letra dice: "Yo soy la vida sin fronteras. Nunca nací y no moriré jamás". Ella canta estos versos varias veces y, a la tercera vez, Alfred se despierta. Le es imposible abrir la boca, pero la hermana Chan Khong sigue hablándole, esta vez recordándole los momentos que pasaron juntos en Vietnam o en Roma, en el fuego de la acción para la victoria de la paz. Thay le masajea delicadamente los pies. De repente, Alfred abre la boca y exclama: "¡maravilloso, maravilloso!", antes de volver a hundirse definitivamente en el coma. Thay acompaña a Alfred a las puertas de la muerte. Abandonará pacíficamente su cuerpo unas horas antes de la partida de Thay y la hermana Chan Khong, el 5 de junio de 1991. Más tarde, Thay compondrá un poema en memoria de su compañero de paz:

> Tú no eres este cuerpo
> tú eres la vida sin fronteras
> jamás naciste, no morirás jamás.
> Siempre estamos felices juntos y siempre lo
> estaremos.

No hay ni muerte ni miedo, enseña el monje vietnamita. La verdad aparece cuando la conciencia surge en la realidad subyacente del mundo de las formas. Esta realidad nace de la visión profunda y de la disponibilidad del aquí y ahora. El nacimiento y la muerte son pasajes. Durante este tiempo que pasamos en la Tierra, se nos brinda la oportunidad de experimentar la vida con el fin de tocar la esencia de la realidad. Entonces, podemos afirmar que el ser está verdaderamente vivo y que la muerte no es más que la materia en transformación. Nada se crea, nada se destruye, todo se transforma.

Inspirar a los líderes

La última década del siglo xx está marcada por el reconocimiento internacional del trabajo de las semillas positivas que sembraron Thich Nhat Hanh y su organización.

En septiembre de 1995, Mijaíl Gorbachov, Premio Nobel de la Paz en 1990, lo invita a participar en el primer Foro Internacional sobre el Estado del Mundo que organiza en San Francisco la Fundación Gorbachov, que reúne a más de 500 dirigentes políticos, líderes espirituales, científicos, intelectuales, dueños de empresas y artistas de 50 países, entre los que se encuentran Margaret Thatcher, George Bush, Zbigniew Brzezinski, Ruud Lubbers, Deepak Chopra, Jacques Delors, Bill Gates, Ted Turner, Carl Sagan, Sonia Gandhi y también representantes del budismo vietnamita, mongol y camboyano.

El objetivo del foro es arrojar luz sobre un nuevo paradigma del siglo xxi, en una perspectiva decididamente universal, reflexionar sobre las consecuencias de la Guerra Fría y las prioridades que hay que tener para erradicar la opresión y la pobreza, con el propósito de comprometer al mundo moderno en una dinámica de equilibrio y de respeto en materia de ciencia, economía, seguridad, religión y arte. El punto culminante es la libertad común de ejercer la interdependencia en todos los niveles, humanos, sociales, ambientales..., y contribuir así a guiar a la humanidad en una nueva fase de su desarrollo para perfilar los valores de un mundo nuevo. Desde entonces, estos foros internacionales se realizan cada año, se han multiplicado las conferencias y los intercambios internacionales en el más alto nivel, con el fin de hacer perdurables los trabajos sobre los imperativos y los objetivos de la "globalización mundial" con la que se enfrenta la humanidad en los albores del siglo XXI.

Este reconocimiento internacional lo coloca en el primer rango de los grandes líderes espirituales de su tiempo. Thich Nhat Hanh tiene la misión de difundir lo más posible su mensaje de paz y sus enseñanzas sobre la práctica de la conciencia plena.

En el curso de la década siguiente, entre 1995 y 2005, el monje zen multiplica los viajes y las conferencias, como en China, donde reaviva la llama budista. Al mismo tiempo, da a luz comunidades con la inspiración en los preceptos del budismo zen y el modo de vida del poblado de Pruniers.

En Estados Unidos, es en Woodstock, Vermont, cuando después de una donación, crea en 1997 el Monasterio de Maple Forest, bajo la égida de la Iglesia Budista Unificada y en el marco de la Orden del Interser. Inicialmente reservado a hombres, más tarde acogerá también a monjes y a monjas, y a hombres y mujeres laicos, para prácticas regulares y retiros.

El mismo año, siempre en Vermont, Thay funda el Centro Green Mountain Dharma, en Hartland Four Corners, donde viven monjes y monjas, igualmente un lugar de retiro abierto a los laicos.

Nunca deja de dar enseñanzas sobre la filosofía búdica en numerosas ocasiones, en Estados Unidos y en diferentes países, ya sea en un viaje a Israel o incluso en un retiro en Keywest, Florida, frente a los auditorios más importantes.

En 1998 la comunidad del poblado de Pruniers se convierte en un centro de formación para la vida monástica repartido en cinco aldeas. Una centena de personas vive ahí todo el año y se les unen personas que desean iniciarse en la meditación en la vía de Thich Nhat Hanh.

A partir de ese año, el poblado de Pruniers ofrece cada año sesiones "de verano" del 15 de julio al 15 de agosto, retiros de tres meses en invierno, un retiro de 21 días cada dos años, así como retiros más cortos en primavera.

Durante 1998, Thich Nhat Hanh colaboraba con otros laureados del Premio Nobel de la Paz en la redacción de un llamado a las Naciones Unidas para la defensa de los niños del mundo, y se designan los años 2000-2010 como la década para una cultura de la no violencia.

Extinguir el incendio

En Occidente, la entrada al siglo xxi es brutal. En 2001, los atentados al World Trade Center en Nueva York conmocionan al mundo. Las consecuencias en cadena serán dramáticas. Las represalias bajo los dos gobiernos de Bush van a desestabilizar regiones frágiles y poblaciones enteras. Al día siguiente de los atentados, la postura de Thay va a incrementar su audiencia en Estados Unidos, haciéndolo uno de los líderes budistas más respetados, al punto de que es apodado por los periodistas estadounidenses "el otro dalai lama".

La relación entre Nueva York y el monje zen se remonta al inicio de la década de 1960. La ciudad lo había acogido cuando era un monje joven con un inglés apenas balbuceante. Cuarenta años más tarde, el monje zen le ofrece consuelo cuando la población está conmocionada por la violencia de los acontecimientos que acaba de presenciar. Los atentados del 11 de septiembre del 2001, cuando dos aviones se estrellan contra las torres del World Trade Center, conmocionan a Estados Unidos y sobre todo a los neoyorquinos. Como una señal del cielo, el 10 de septiembre, apenas 24 horas antes, sale en las librerías *Anger*,[131] literalmente "cólera". Al día siguiente de los atentados, el libro se convierte en un fenómeno. El primer tiraje de 37 000 ejemplares se agota en ocho horas. Rápidamente, el libro se encuentra en la lista de *best sellers* del *New York Times*.

El 12 de septiembre, de boca en boca, 3 000 personas se reúnen para escuchar al maestro en la Iglesia de Riverside, en el Upper West Side, en Manhattan. Más de 1 500 personas más se quedan en la puerta. Después de días trepidantes, un número siempre creciente de neoyorquinos desea escuchar las palabras tranquilizadoras de Thay. La multitud se abre paso a codazos. Numerosos son aquellos que entran estresados a la sala y, poco a poco, por la gracia de la presencia inmóvil y silenciosa del maestro, se dejan llenar de calma. Las conferencias inician con una especie de furor y terminan sin el más mínimo susurro. Con excepción de una vez, cuando el público, entusiasta y reafirmado por el aliento de Thay, transforma la pena y la cólera en conciencia y se pone a recitar "¡te amo!".

Los acontecimientos del "11-9" resuenan en otra época dolorosa de la historia estadounidense: la Guerra de Vietnam, que también quebró la confianza de los estadounidenses en sus valores. Thay brinda una nueva fe a los Estados Unidos por la opción de la paz. Los alienta a utilizar esta cólera para transformarse individualmente en actores de la paz, en quienes disminuyan el terrorismo.

"¿Qué le diría a Osama Bin Laden si tuvieran la ocasión de encontrarse con él?". En su libro *Calming the fear-*

---

[131]   Thich Nhât Hanh, *La Colère, op. cit.*

ful mind,[132] Thay responde a esta pregunta que le hace un periodista después del 11 de septiembre de 2001. Él dice que si se le brindara la ocasión, empezaría por escucharlo. Se esforzaría por comprender por qué Bin Laden ha actuado de esa manera e intentaría aprehender todo el sufrimiento relacionado con las estrategias de violencia. Añade que quizás así sería más fácil escuchar, así como permanecer en calma y lúcido, reconoce por fin que tendría necesidad de tener a su lado varios amigos igualmente versados en la práctica de la escucha profunda, con el fin de estar en posición de escuchar sin reaccionar, sin juzgar ni hacer reproches.

A pesar de su popularidad, Thich Nhat Hanh no se deja llevar por el éxito. Sus conferencias son muy concurridas, pero son los acontecimientos y los sufrimientos de los hombres los que dan ritmo al número de sus intervenciones y pláticas. Anclado en su práctica, sigue siendo el único maestro de sí mismo, su práctica espiritual constituye la montura sobre la que avanza, siempre al servicio de los demás.

Sanar Vietnam

Como mencionamos desde el primer capítulo, en 2005 y después en 2006, Thay visita Vietnam. De vuelta a Francia, pronuncia un discurso extraordinario en París, en el marco de la UNESCO, para convocar a la interrupción del ciclo de la violencia y de la guerra. El año 2006 está igualmente marcado por su nominación como uno de los "60 héroes de Asia", junto con Mahatma Gandhi,

---

[132] Thich Nhât Hanh, *Calming the Fearful Mind*, Parallax Press, 2005.

el Dalái Lama y Aung San Suu Kyi, en la edición asiática de *Time Magazine*.

Sin embargo, lo que cuenta más intensamente para él es el hecho de que, durante los meses que siguieron a su viaje en su Vietnam natal, las visitas al monasterio de Bat Nha aumentaron rápidamente; éste ofrece mensualmente retiros y días dedicados a la práctica de la conciencia plena que han atraído a miles de personas, jóvenes en su mayoría. Las dos temporadas en Vietnam llenaron a Thay con materia de reflexión sobre la verdadera naturaleza del poder.

En 2005, varios responsables de los gobiernos comunistas ejercen un rígido poder dictatorial mientras viven en la sospecha y el miedo de todo lo que sea susceptible de comprometer su poder. La primera vez que da una conferencia, la policía está por todas partes, alerta, lista para una demostración de fuerza. Como una manera de afianzar su poder, limitan la participación en la conferencia a 18 personas, en una sala que podría acoger a cientos.

Seguí adelante y gustosamente ofrecí la enseñanza a esas 18 personas como si hablara con miles. Los funcionarios se sorprendieron por esa acción. Estaban un poco avergonzados y para la sesión siguiente permitieron la asistencia de más de 1 000 personas. Día tras día, disminuyó el nivel de su miedo.[133]

---

[133] *"I went ahead and joyfully offered a teaching to those eighteen people just as if I were speaking to thousands. The officials were astonished by this action and also moved by the teachings. They felt ashamed, and for the next talk they allowed more than 1,000 people to attend. Day by day, the level of their fear was able to go down, lower and lower"*, The Right Kind of Power, www.beliefnet.com, 8 de septiembre de 2011.

El entusiasmo que reciben las enseñanzas del fundador del poblado de Pruniers hará volver a Thay a Vietnam en 2007. Esta vez, ante auditorios siempre imponentes, dirige personalmente retiros y días de conciencia plena, pero también, con miles de participantes, largas sesiones de plegarias para todas las víctimas de la guerra, en el norte, centro y sur del país, en las tres ciudades más grandes de Vietnam.

En 2008 organiza un nuevo viaje a Vietnam. Thich Nhat Hanh y sus sucesores en Vietnam desean organizar tres grandes ceremonias de plegaria para "desatar los nudos de la injusticia" y favorecer la reconciliación después de décadas de guerra. La intención es rezar por todas las heridas y los muertos de todas las nacionalidades. Los oficiales del gobierno no desean permitir estas ceremonias, pues estiman que si no hubo ninguna injusticia, por qué habría necesidad de plegarias. Finalmente, aceptan el conjunto de ceremonias de oración, con la condición de que no utilicen los términos "desatar los nudos de la injusticia".

En la ciudad Ho Chi Minh se reúnen 10 000 personas. Los funcionarios están muy reticentes a que se organice el evento porque entre ellos hay responsables de algunas matanzas. Temen que los acusen en público y se inicie una revuelta. Los monjes dan una enseñanza sobre la necesidad de la bondad en los pensamientos, las palabras y las acciones. Así, esta energía libera tanto a los seres queridos desaparecidos como a ellos mismos. Los funcionarios se sienten reconfortados. Varios miles de personas van a la ceremonia de Hanói, algunas reciben en sueños el mensaje de sus seres queridos que han muerto, que les piden que asistan a la ceremonia con el fin de que puedan liberarse. Estudiantes en moto viajan durante la noche, solamente con unos pocos centavos que brindar al templo, 10 centavos para encontrar un lugar donde dormir. Incluso las personas más pobres dan lo que pueden. Los donativos se distribuyen para ayudar a las víctimas discapacitadas por el Agente Naranja.

> Todas estas cosas muestran el poder del pueblo; el poder de la humanidad; el poder del amor. En Vietnam, vimos claramente cómo el verdadero poder espiritual podía cambiar con delicadeza y quietud a una nación entera; sí, incluso al mundo entero.[134]

Thay no podía pedir una ceremonia más bella con esta intención. Incluso, aunque las autoridades pronto pusieron fin a sus permisos para entrar al país, el proceso de sanación de Vietnam había iniciado. Gracias a las esperanzas que se elevaron durante su regreso a su tierra natal, los acontecimientos permitieron augurar que desde entonces sería fuera de Vietnam donde tendría que continuar transmitiendo su mensaje para abrir los espíritus a la presencia atenta y los corazones a la sabiduría de Buda.

Thay tiene un puesto de honor al encontrarse con el presidente vietnamita Nguyen Minh Triet, con el fin de transmitirle sus propuestas para reformar y asumir el control del gobierno sobre la Iglesia Budista y proponer la disolución de la policía religiosa, corrupta desde el comienzo, para poner fin a los abusos ilegales y poco populares.

Algo que no dejaron de subrayar algunos observadores en vista de la postura de las altas esferas políticas, se

---

[134] *"All of these things show the power of the people; the power of humanity; the power of love. In Vietnam we clearly saw how true, spiritual power can move gently and peacefully to change a whole nation— yes; even a whole world", Ibid.*

produjo al año siguiente. Incluso cuando es reconocido como el principal personaje religioso del país, el año 2008 va a marcar un nuevo giro en la existencia de Thay, quien no reniega su antiguo compromiso con un "budismo comprometido".

En enero, publica las propuestas que hizo al presidente, lo que tiene como resultado suscitar inquietudes y un verdadero resentimiento en el seno de la policía religiosa. Dos meses más tarde, en una conferencia de prensa en Italia, Thay brinda abiertamente su apoyo al Dalái Lama y al pueblo tibetano, lo que de inmediato desata la ira del gobierno chino que le exige que se retracte oficialmente de sus declaraciones. Evidentemente, él se niega.

En las ceremonias de Vesak[135] en Hanói, en mayo del 2008, realiza un cuarto viaje a Vietnam, pero enseguida se da cuenta de que el ambiente local ha cambiado. Efectivamente, algunas semanas antes de su llegada, el gobierno empezó a tomar disposiciones para limitar las actividades y la influencia del monasterio de Bat Nha.

Bat Nha

Siempre comprometido en el proceso de apertura de la sociedad vietnamita y de su comercio con la economía mundial, el poder de Hanói se siente cada vez más amenazado por la creciente popularidad del pequeño monje zen, venerado y honrado por Occidente desde hace mu-

---

[135] Vesak: fiesta tradicional del budismo que celebra el aniversario del nacimiento de Buda e igualmente las tres grandes etapas de su existencia (su nacimiento, su despertar y su muerte).

chas décadas, principalmente por su influencia sobre un número considerable de jóvenes en las prácticas de conciencia plena y los retiros espirituales en el poblado de Pruniers. La policía religiosa, por su parte, ve que tiene una peor imagen y que su ilegitimidad decayó aún más entre la población después de las recomendaciones de Thay, que buscaban su disolución.

En los 16 meses siguientes a la visita de Thich Nhat Hanh, la policía gubernamental refuerza la presión sobre el monasterio de Bat Nha, multiplicando las formas de hostigamiento, iniciando campañas de denigración entre la población, restringiendo los movimientos de monjes y monjas, prohibiendo las sesiones de conciencia plena y los retiros abiertos al público. Mientras que los monjes y monjas del monasterio se cuidan de responder a estas provocaciones por medio del odio o la violencia, y por el contrario, se limitan a una actitud llena de paz y compasión, en junio de 2009 las autoridades inician una nueva etapa que dificulta abiertamente el funcionamiento del monasterio. Cortan la electricidad, el teléfono y el abastecimiento de agua, y después unos grupos violentos, pagados por el gobierno, atacan a los religiosos, detienen a algunos y persiguen a otros. Los que consiguen huir, siempre sometidos a la represión del poder, se refugian en un templo vecino.

A pesar del gran número de voces que se levantan en contra de los abusos de que son víctimas los discípulos de Thich Nhat Hanh —mediante una petición nacional firmada por cientos de intelectuales, juristas e incluso miembros del Partido Comunista o la postura oficial del embajador de Estados Unidos, que se interesan por los jóvenes que practican la conciencia plena y tienen como objetivo la instauración de la libertad religiosa—, a finales de 2009, todos los monjes y las monjas del monasterio de Bat Nha finalmente se dispersan. Una joven monja escribió:

> Descubrimos la fraternidad y dedicamos juntos nuestra energía al servicio de los demás. Era nuestra mayor felicidad. Enseguida, Bat Nha se convirtió en una pesadilla. Sin embargo, nadie podrá destruir lo que encontramos ahí. Ahora tenemos un camino, y aunque Bat Nha ya no exista, nunca volveremos a temer. Bat Nha se convirtió en lluvia, una lluvia que cae sobre la tierra y hace germinar la semilla del despertar. Incluso cuando Bat Nha ya no exista, incluso cuando nos persiguieron y nos echaron de Phuoc Hue, estas semillas de despertar siempre estarán en nosotros y jamás se perderán. Thay nos enseñó que cada uno de nosotros, sus discípulos, debemos convertirnos en un Bat Nha, en un Phuong Boi. Somos la continuación de Thay y estableceremos en el futuro nuevos Bat Nha, nuevos Phuong Boi.

Algunos se refugian en Tailandia o en el templo de Tu Hieu de Hué. Otros siguen practicando el budismo en grupos pequeños, en el mayor secreto, para que no los denuncien y sean sometidos al castigo de la policía gubernamental.

Con el tiempo aumenta el número de visitantes al poblado de Pruniers. Desde militantes por la paz hasta refugiados vietnamitas, cada vez más personas llegan en familia y pueden esperar un acogimiento generoso. Cuando la madre de un niño pequeño desea asistir a una enseñanza sobre el dharma, las monjas o los miembros laicos de la *sangha* le ofrecen ocuparse del niño. Thay aprecia la presencia y la espontaneidad de los niños. Ellos se sienten impresionados por el monje, sienten un respeto natural hacia él y no dudan en tomarlo de la mano en las caminatas de meditación. Su presencia amorosa opera transformaciones en los seres que lo rodean. Estos niños se convierten en adolescentes y después en adultos jóvenes.

El movimiento *Wake up!* se instaura con el fin de que encuentren su lugar en la comunidad, en relación con sus valores espirituales, pero también en concordancia con las afinidades y problemáticas específicas de su generación. Son una comunidad de practicantes de entre 18 y 35 años, cuyo objetivo es desarrollar su propia conciencia con el fin de lograr una mayor serenidad, y también crear una sociedad más sana y armoniosa, libre de intolerancia, discriminación y cólera para dar un lugar más importante a la compasión. La iniciativa se difunde profusamente en los medios; rápidamente, se congregan miles de jóvenes. La práctica de la conciencia plena en la vida cotidiana ofrece una vía de equilibrio y de estabilidad mental, verdaderas virtudes para tomar decisiones justas y discernir lo verdadero de lo falso. Todos siguen con asiduidad los "Cinco entrenamientos de la conciencia plena", que son una traducción fiel y práctica de la enseñanza de las Cuatro Nobles Verdades del Camino Óctuple que Buda transmitió a sus discípulos.

En la década de 1990, Thich Nhat Hanh reemplazó el término "preceptos" por el de "entrenamiento" para hacer hincapié en su dimensión práctica e interior con el objetivo de hacerlo más accesible a los occidentales y, en particular, a los jóvenes. El término "preceptos" tenía una connotación religiosa a los oídos de los occidentales.

Desde esta perspectiva, Thich Nhat Hanh rediseña la Carta del budismo en Occidente. Por ejemplo, el maestro, la hermana Chan Khong y la hermana Annabel Laity, y otros del poblado de Pruniers, desarrollaron la práctica de "tocar la tierra", que consiste en una postración en el suelo en homenaje a la tierra, que permite que se junten los seres vivos que la componen, después de que observaron la reticencia de los occidentales a comprometerse y a practicar los rituales del budismo tradicional. En este "tocar la tierra" actualizado, Thich Nhat Hanh aporta una dimensión universal a la práctica.

En junio de 2011, se organizan sesiones públicas de meditación en Londres, también llamadas *"flashmob"*. Desde hace algunos años, las meditaciones y las plegarias se organizaban alrededor del mundo en Jornadas Mundiales por la Paz, en favor del medio ambiente, en la Jornada Mundial de la Tierra y en los solsticios de invierno y de verano, sin tener que reunir físicamente a las personas.

Esta vez, los participantes son invitados a un sitio público, en un entorno muy frecuentado, Trafalgar Square, para un momento de meditación que no pase de una hora. Cientos de personas se reúnen para meditar juntos. Las tecnologías de la información hacen el trabajo de aceleración de la difusión de la información, y pronto se organizarán *flashmobs* en las grandes ciudades del mundo como Barcelona, Montreal o Nueva York.

Al rescate del planeta

Han pasado más de 30 años desde el fin de la Guerra de Vietnam. En 2007, el ejército estadounidense se interna en territorio afgano mientras en Irak el clima de violencia ocasionado por la intervención de Estados Unidos y sus aliados, desde la segunda Guerra del Golfo, se recrudece de manera asombrosa. Desde Dai Dong y el llamado de Menton, se han realizado grandes conferencias mundiales y el calentamiento climático se convirtió en un tema crucial para la supervivencia de la especie humana. Finalmente, el año estuvo marcado por la revuelta de los monjes birmanos contra la dictadura.

Las palabras de Thay siguen dejando una viva impresión en sus interlocutores, a quienes trata como discípulos, ya sean periodistas o incluso políticos. Este mismo año, la revista *Time* lo interroga sobre los problemas cruciales a los que se enfrenta la humanidad. Sobre la guerra, responde que "por todo el mundo, escuchamos a los líderes espirituales de Estados Unidos ofrecer esta dirección espiritual con el fin de terminar rápidamente con el sufrimiento y las pérdidas de vidas humanas en Irak. Los líderes espirituales deben levantarse simultáneamente y expresarse con claridad para ayudar a las personas a despertarse, y mostrarles el camino. Cuando las personas tienen visión clara y toman su postura, entonces el gobierno no tiene otra elección más que seguirlas. La Guerra de Vietnam terminó gracias al despertar del pueblo estadounidense de la época".[136] Estas palabras reflejan la importancia que da al hecho de tomar las responsabilidades individuales, bajo la guía de líderes espirituales que se atrevan a dirigirse contra los poderes del dinero y el armamento.

En cuanto al tema del calentamiento climático, cita el sutra de la carne del niño, que cuenta la historia de unos padres que se comen la carne de sus hijos. Thay hace la relación con el comportamiento de la humanidad, señalando la responsabilidad de la alimentación a base de carne y su papel en el proceso del calentamiento del planeta. "Si comemos carne y bebemos alcohol en plena conciencia, nos daremos cuenta de que comemos la carne de nuestros propios hijos", dice. De manera muy práctica, alienta a las comunidades laicas a adoptar un

---

[136] David Van Biema, "Burma's Monks: 'Already a success'", 12 de octubre de 2007.

régimen vegetariano, casi vegano, sin huevos ni productos lácteos, resultado de una ganadería intensiva.

Sin embargo, Thay conserva una distancia en cuanto a esta cuestión del calentamiento, propia del conocimiento de la impermanencia de los seres y las cosas.

> Hay nacimiento y, por lo tanto, hay muerte. Nuestra civilización también es así. En la historia de la Tierra, han terminado muchas civilizaciones. Si nuestra civilización moderna también se destruye, es igualmente conforme a la ley de la impermanencia. Si nuestra raza humana continúa viviendo en la ignorancia y en los pozos sin fondo de la avidez, como lo hace actualmente, entonces la destrucción de esta civilización no está muy lejos. Debemos aceptar esta verdad, como aceptamos nuestra muerte. Una vez que la hayamos aceptado, ya no reaccionaremos más con cólera, negación o desesperanza. Estaremos en paz.[137]

Disipación de la ilusión materialista del mundo

El sol de California dio origen a la contracultura de la década de 1960. Durante los años de 1990 a 2000, la región se convierte en el epicentro de la investigación tecnológica. El territorio del oeste estadounidense está abierto a la innovación que, sin limitarse a la investigación científica, se extiende a varios campos. El desarrollo personal y el estudio del espíritu humano ocupan un lugar importante.

Las enseñanzas de Thich Nhat Hanh son populares en el ambiente de la alta tecnología. En San Francisco, el universo de la contracultura y el de la cibercultura cultivan fuertes afinidades. Estos ambientes tienen en común

---

[137] Carta de Thich Nhât Hanh sobre la necesidad de ser vegetariano (www.thich-nhat-hanh.fr).

la atracción por la creatividad y la distancia con respecto a las instituciones estáticas. El espíritu creativo que nace de la meditación es una fuente preciosa para las empresas que tratan de anticiparse al mundo de mañana.

El 23 de octubre de 2011, Thay es invitado al campus de Google en California, para dar una conferencia con el tema de "intención, visión profunda, innovación". El video se transmite a los empleados de los 36 países donde está establecida la empresa. La jornada se organiza en torno a un desayuno de plena conciencia, una caminata de meditación, un almuerzo, una sesión de relajación total seguida de un espacio de preguntas y respuestas. El monje zen se entretiene también con los jóvenes directivos de Google sobre el tema "¿Cómo ayudar a sufrir menos?".

La participación de Thich Nhat Hanh en las grandes empresas de la red, así como en el Banco Mundial suscita reacciones que provocan debates entre algunos de sus discípulos. Se le reprocha su proximidad con la élite de la economía y la política. En particular entre los partidarios del budismo comprometido. ¿No se trata de una intención de recuperación por parte de los grandes grupos que encuentran en ello un triple beneficio? La modernización de su imagen, la participación en el bienestar de sus empleados y la optimización de su rendimiento, gracias a los beneficios que ofrecen las técnicas de la conciencia plena en las capacidades de trabajo. Algunos temen una corrupción de la práctica de la conciencia plena. Otros temen que el budismo pierda su capacidad de oposición, que a fuerza de proponer alternativas no exista el contrapoder. ¿Cómo conciliar los objetivos de empresas como Google, cuyo objetivo consiste en que las personas pasen el mayor tiempo posible en internet, y las invitaciones del monje budista a guiar la atención sobre la naturaleza del entorno?

Thich Nhat Hanh responderá a estas preguntas algunos años más tarde en la edición en línea del 28 de marzo de 2014 del *Guardian*: "Poco importa si la intención original esté motivada por la voluntad de ser más eficaz en el trabajo o de obtener más beneficios. En efecto, esta práctica modificará fundamentalmente su punto de vista sobre la vida, porque abre naturalmente los corazones para acceder a una mayor compasión y desarrollar el deseo de poner fin al sufrimiento de los demás".[138]

Es cierto que estas empresas están preocupadas por su imagen. Sin embargo, la complicidad del espíritu entre el ambiente de la red y las ciencias humanas no puede negarse, sobre todo después de que la psicología demostró que lo que hace feliz al ser humano es "estar en relación con los demás". Estar en relación es precisamente para lo que se emplean las redes sociales, por lo que algunos líderes citan a psicólogos, resultado de la corriente de la psicología positiva.

Ante los jóvenes dirigentes, como en el caso de varias décadas antes durante las campañas de sensibilización sobre la situación de Vietnam, Thich Nhat Hanh no perdió nada de su intransigencia. Hunde su mirada dulce, concentrada, casi inflexible en la de sus interlocutores y, fiel a sus enseñanzas, les pregunta: "¿Cómo puede contribuir a que el mundo sufra menos?", "¿cómo puede ayudar a las personas a regresar a sí mismas, a sus sensaciones y sus emociones?". Les sugiere algunas innovaciones útiles para desarrollar la conciencia plena como una herramienta capaz de grabar las pulsaciones cardíacas y las emociones, y propone soluciones como el regreso a

---

[138] Bernard Paranque, Roland Pérez (comp.), *La Finance autrement? Réflexions critiques et perspectives sur la finance moderne*, Presses Universitaires du Septentrion, 2015.

la respiración, la práctica de la caminata consciente y la recitación de un mantra.

Uno de los temas del programa que organizó Google fue "¿Cuál es la dirección que hay que dar a su negocio?". Thay responde por la formación del espíritu de *bodhicitta*, el espíritu del despertar. Propone incluso la creación de un monasterio en línea para ayudar a los empleados a solucionar sus dificultades. A los 87 años, el joven poeta que algunos calificaban de "loco", sigue vivo, conserva un espíritu nuevo y fresco, en relación con los problemas y los sufrimientos de las personas. La enseñanza de Buda es intemporal, ¿cómo no permanecer actual?

Después, Google organiza regularmente programas sobre la conciencia plena destinados a sus empleados. En Estados Unidos, la distinción entre conciencia plena y budismo es importante para la comprensión de las nuevas espiritualidades. En 1979, los trabajos del doctor en biología molecular, Jon Kabat-Zinn, dieron un marco laico a la práctica plurimilenaria de la conciencia plena, cuando propuso un protocolo terapéutico para la reducción del estrés basado en la conciencia plena. Éste se difundió con éxito en Estados Unidos. Si ya no pertenece sólo a los budistas, su popularización aceleró la familiarización con términos como "conciencia" y "compasión", y ha puesto el acento en la importancia de la respiración.

Una celebración de la vida plena y alegre

En Estados Unidos, las voces susurran. El tema de la compasión ha conseguido elevarse al rango de tema de sociedad. La Universidad de Stanford, en California, creó un departamento dedicado especialmente al tema de la compasión, el Centro de Investigaciones y Educación para la Compasión y el Altruismo[139], dirigido por el profesor en neurocirugía James Doty.[140] Éste organizó una jornada sobre el tema de la compasión en la Universidad de Stanford a la que invitó a Thay y a los monjes. Durante su encuentro con Thich Nhat Hanh, dijo "estar inmediatamente bañado en un amor incondicional. Estar en su presencia me procuró una alegría inmediata".

Thay permanece preocupado por el porvenir del mundo tanto como lo estaba por la Guerra de Vietnam. Considera que la civilización está amenazada por la voracidad del crecimiento económico que pone en peligro el ambiente y la vida social. Este crecimiento está conducido por las grandes potencias mundiales en relación con instituciones financieras como el Banco Mundial. En 2013 es invitado por el nuevo presidente del Banco Mundial, Jim Yong Kim, el primer dirigente que no es ni economista ni diplomático, sino médico. Durante la conferencia, propone una alternativa que responde al bienestar, como se experimenta en el poblado de Pruniers. Es uno de los desafíos: mostrar que una vida simple en el dharma, en el ejercicio de la conciencia plena es una celebración de la vida, que puede ser plena y gozosa. Se opone a la creencia según la cual no es posible ser verdaderamente feliz sin dinero ni una posición elevada en la sociedad. Con sus palabras disipa la ilusión materialista que recubre el mundo.

Si su obra de caridad persigue la ayuda y la compañía a los más desfavorecidos, su popularidad en Estados

---

[139] The Center for Compassion and Altruism Research and Education (CCARE).

[140] James Doty es autor del *best-seller Into the Magic Shop: A Neurosurgeon's Quest to Discover the Mysteries of the Brain and the Secrets of the Heart*, que está por publicarse en Francia.

Unidos lo lleva a codearse con los más ricos del planeta, que encuentran en sus enseñanzas un alimento para su alma. "Hay que elegir entre convertirse en el número uno o la felicidad", les dice. En su intervención en el Banco Mundial, expresa claramente el objetivo: "Soltar el deseo de convertirse en el número uno".

El monje zen no hace una diferencia. En la época de Buda, antes de convertirse en discípulos y de practicar las Cuatro Nobles Verdades, algunos eran reyes o personas muy afortunadas como Anathapindika, cuyo nombre significa "aquel que cuida a los necesitados", un hombre de negocios muy compasivo. Estas intervenciones le ofrecen la oportunidad de sembrar las semillas del amor y de la comprensión mutua entre los hombres.

Tercera parte ✔

El loto se llena de satisfacción

Con toda seguridad los escritos de Thich Nhat Hanh son lo que habla mejor en su favor. El monje zen posee un gran talento para la escritura. Poemas, manifiestos, discursos, cuentos, conferencias, son algunos de los géneros en que se ha desenvuelto con éxito. Sacó fuerzas del inconmensurable conocimiento transmitido por Buda para soportar los años de la guerra y, sobre todo, para difundirlo entre las víctimas —porque, al final, no hubo más que víctimas—, como un bálsamo de amor y de paz. Su ejemplo ha inspirado a miles de personas en todo el mundo.

Con el fin de dar una idea más clara de la manera como se forjó el camino de Thich Nhat Hanh, a continuación nos proponemos abordar las grandes líneas de sus enseñanzas para dar algunas claves prácticas. Esta tercera parte aborda el sentimiento de responsabilidad que surge de esta enseñanza. Thich Nhat Hanh imbuye de un sentido nuevo términos como "mirar", "amar" o "vivir". En 2010, el maestro zen replantea el término de "budismo comprometido" y prefiere el de "budismo aplicado".

Finalmente, Thich Nhat Hanh jamás dejó de insistir en este punto: Nada cuenta más que la práctica de los Cinco entrenamientos de la conciencia plena. De esta nace la experiencia, es la unión del conocimiento y la práctica que hace la fuerza de una espiritualidad que se vive plenamente.

Camino de paz, camino de sanación

Trabajar por la paz es indisociable de una transformación interior positiva, una transformación de las tendencias inferiores en virtudes benéficas. La paz es nuestra verdadera naturaleza, dice la enseñanza de Buda. No hay ninguna necesidad de buscarla en el exterior, no depende más que de nosotros mismos. La violencia, la división y las aflicciones que conocen los seres humanos encuentran sus raíces en el miedo, la ignorancia, la cólera, el odio y el egoísmo; males y sentimientos sutiles e invisibles de manifestaciones temibles. Las guerras son el despliegue físico de un defecto de la conciencia colectiva. Como el trabajo del alquimista, ir más allá de esos males y transformarlos en una verdadera compasión para todos los seres, es parecido a una sanación. De tal suerte que la transformación interior genera una sanación tanto corporal como espiritual. Cuando emanan la compasión y el amor, se consigue una perfecta salud interior.

Cuando la alegría transforma a la sociedad

La alegría está presente y es accesible a cada segundo. Lo mínimo de lo cotidiano contiene la posibilidad de hacernos más vivos. Abrir los ojos por la mañana o dormir, tomar un vaso de agua y sentir el agua corriendo por la garganta, escuchar el canto de los pájaros en una tarde o incluso lavarse los dientes o caminar sobre la banqueta son una fuente inagotable de despertar. La conciencia plena se cultiva, como un jardinero cuyo trabajo consiste en desbrozar el campo del espíritu, para dejar pasar la luz del sol o la luz de la conciencia. Esta luz ilumina cada uno de los actos y los pensamientos. Vivir en conciencia plena es, por lo tanto, el fruto de un entrenamiento.

En *El milagro de la conciencia plena*,[141] Thay ofrece todas las explicaciones necesarias para llegar a ese estado.

Gracias a la conciencia plena, Thich Nhat Hanh revela la perla, el genio de la realización del Buda Sakyamuni. En la búsqueda de la liberación, aquel que entonces sólo era conocido con el nombre de Gautama, se limitó en vano a una ascesis estricta y a largos ayunos, así como al uso de ciertos métodos y ejercicios. Sentado en loto, absorto en una meditación profunda al lado del río, su cuerpo se descarnó completamente; sin embargo, estas mortificaciones no le habían brindado más que un poco de alivio.

Algún tiempo más tarde, en Bodhgaya, en el noreste de la India, hizo un voto de no moverse hasta que se realizara la iluminación. Después de haber pasado esta prueba, vive el Despertar. Con la mano posada hacia el sol, perfectamente concentrado, su espíritu plenamente consciente de lo que lo rodea, en interacción con la naturaleza y las diferentes formas y niveles de vida, los

---

[141] *Le Miracle de la pleine conscience. Manuel pratique de méditation*, L'Espace Bleu, 1996.

animales, las plantas y toda la creación, en el infinito pequeño y el infinito grande. De hecho, es la vida misma lo que lo libera. Encuentra su liberación en la vida y no fuera de ella. Al reconocer la vida plenamente, ésta le ofrece su gracia. No hay necesidad de buscar en otra parte, en los confines del espíritu o en el aislamiento de una gruta, infligiéndose prácticas mortales. La gracia se revela a cada instante, está en el fruto maduro que tomamos de la rama, en la presencia dulce y atenta de cada cosa. Así es el camino del medio.

Vivir en conciencia plena, hacer el paso más lento y saborear cada segundo y cada respiración, eso basta,[142] dice Thich Nhat Hanh.

Este trabajo conlleva una gran relajación de la que se derivan el bienestar y la alegría verdaderos. Si cada ser humano gustara un poco de esta relajación y este bienestar, el curso y la dirección de la sociedad se transformarían.

Tienes una cita con tu vida en el presente. Si pierdes esa cita, estás en riesgo también de perder tu vida. Al establecernos en el instante presente, podemos ver todas las bellezas y maravillas que nos rodean. Podemos ser felices simplemente al ser conscientes de lo que está bajo nuestros ojos.[143]

Miles de factores nos unen

En 1966, Thich Nhat Hanh fundó la Orden del Interser, mediante la renovación de una idea principal del budismo, la interdependencia. Nosotros no existimos inde-

---

[142] Thich Nhât Hanh, *Le Miracle de la pleine conscience*, J'ai Lu, 2008.

[143] Thich Nhât Hanh, *Toucher la vie*, J'ai Lu, 2008.

pendientemente de los otros. No somos más que relaciones, con nuestros ancestros, con nuestros hijos, con quienes nos rodean. A diferencia de la interdependencia, en la que el maestro zen subraya la connotación limitante, como si condicionara por sus contemporáneos una especie de destino, el Interser es una inteligencia colectiva, una apertura del espíritu. El Interser significa que no podemos existir sin los otros: miles de factores nos unen los unos a los otros. Según Thich Nhat Hanh, quien se inspira en las enseñanzas de Buda, no hay un cielo sin nubes, papel sin árboles, humanidad sin naturaleza, el niño no puede crecer sin la atención bondadosa de su madre.

En nuestras sociedades, todo contribuye a forjar la idea de que estamos separados de los otros y de la naturaleza, de que somos "diferentes". El materialismo, la búsqueda de consumo, el individualismo enajenado, la valorización y fascinación de la imagen como corolario del dictado de las modas y la competencia social, expresan a su manera que cada persona tiene derecho a su parte de gloria y de poder personales. En consecuencia, nos separamos de los otros a medida que creemos distinguirnos. La apariencia se convierte en una herramienta de dominación, buscamos suscitar la admiración y el reconocimiento de nuestros semejantes, pero no sabemos ni amar ni ser amados, alimentamos la máquina de las ilusiones y el sufrimiento que ocasionamos por nuestra ignorancia. Sin tener conciencia, buscamos el amor, buscamos un sentido, pero nos aislamos cada vez más, lo que pone en peligro nuestro equilibrio. En nuestro fuero interno se cruzan fallas de donde nacen las emociones negativas como la avidez, la envidia, los celos, la tristeza...

"Nosotros intersomos", subraya Thich Nhat Hanh. Nos une meditar sobre esta noción, ejercer nuestro espíritu, distinguir los lazos y las relaciones entre cada componente de nuestro universo. La palabra "Interser" debe tener referencia en el diccionario. En efecto, el término abre una nueva ventana sobre el mundo, más profunda, no dual y benevolente. Reconocer la cadena de lazos y apreciar la idea de que nosotros mismos estamos relacionados con el conjunto del cosmos genera un poder benevolente. En todas las situaciones de la vida, aparecen cadenas de causalidad, llenas de sentido. Esta percepción de manera natural abre el paso a una inmensa gratitud porque, sí, pertenecemos al mundo.

En el plano colectivo, el rechazo del otro, el aislamiento de los viejos y los más vulnerables, la disolución de la relación social y la indiferencia con respecto a la destrucción del medio ambiente, la extinción de las especies, los conflictos armados o latentes —muy comunes en las organizaciones colectivas— son algunos de los males que produce la acumulación de pensamientos de separación. Finalmente, el que separa la unidad que subyace a los fenómenos, inevitablemente se debilita.

Un día se da cuenta de que las promesas son falsas, que sólo sirven a los intereses de algunos vendedores de ilusiones. El dinero, sin conciencia, no hace la felicidad; la belleza se marchita con los años, los éxitos profesionales se convierten en recuerdos, como exige la ley del tiempo. Uno se encuentra solo, con un sufrimiento más, una vez más. Las apariencias son engañosas, porque de hecho, aquí hay una oportunidad, la de una sumersión en uno mismo. Nos damos cuenta de que somos *más* que simples marionetas de los fenómenos. Cultivar la interioridad es una de las propuestas. Con un poco de energía podemos transformar este sufrimiento, enseña Thich Nhat Hanh. Al entrenarnos a ver y sentir la naturaleza interrelacionada con todo lo que compone la creación, tenemos la oportunidad de tocar la eternidad con un dedo.

De manera prosaica, el café contenido en una taza blanca sobre la mesa de una taberna tiene una larga historia detrás, una mezcla intrincada de saberes, intercambios, negociaciones económicas e incluso políticas. La tierra que bebió la lluvia, el grano de café, el tostado, pasando por la red de distribuidores, hasta el mesero que pone la taza sobre la mesa en esta megalópolis, el café es producto de una conjunción de factores, de los cuales el último eslabón de la cadena es el deseo de compra. Estamos relacionados desde un punto de vista económico y político.

¿La física daría la razón al monje zen? "Nuestro ojo está formado por la misma materia que constituye el sol. El contacto entre el ojo y el sol es constante e íntimo. Uno habla de lo otro. El átomo de la estrella le habla al átomo de nuestro ojo en el lenguaje de la luz".[144] Y la historia del cosmos también es la nuestra, "nuestra persona es infinita porque es una parte del cosmos. Somos los hijos del cielo... polvo de estrellas".[145]

Cada mañana, en el poblado de Pruniers, se practica en conciencia el "tocar la tierra", una práctica llena de reconocimiento y de gratitud por la tierra. Desde que era joven, Thich Nhat Hanh practica ceremonias de gratitud. Igualmente, en los centros de dharma se organizan jornadas con el tema de la gratitud.

---

[144] Jean Audouze, Michel Cassé, Jean-Claude Carrière, *Conversations sur l'invisible*, Pocket, nueva edición aumentada, 2002.
[145] *Ibid.*

Ejercer su mirada profunda

¿Qué necesitan más las sociedades sino personas since-ramente entregadas a los otros, en suma, bodhisattvas, seres humanos animados por una energía del amor ca-paz de superar los obstáculos y de esparcir la paz, seres que puedan comprender la realidad en su unidad, a la vez de manera global, sistémica y multidimensional, poetas cuyo corazón lata con una compasión desinte-resada por cada uno? Muy a menudo, las buenas vo-luntades terminan por quedar atrapadas en las limita-ciones de las clases, los grupos o las castas en tanto que estamos en la vía de los bodhisattvas. Todos estamos en la vía de los bodhisattvas, porque todos buscamos el bienestar, amar y ser amados. Esta energía de despertar se llama *bodhicitta*. Los medios difieren, pero la inten-ción inicial siempre es "algo mejor".

La reconciliación no quiere decir firmar un acuerdo con duplicidad y crueldad. La reconciliación se opone a to-das las formas de ambición sin tomar partido. La ma-yoría de nosotros buscamos ponernos de un lado o de otro cada vez que encontramos un conflicto [...] Lo que necesitamos son personas capaces de amar, que no to-men partido, que puedan englobar la integridad de la realidad como una gallina vela por todos sus pollos, con las dos alas bien desplegadas.[146]

Para conservar intacto el objetivo de la verdad en el tor-bellino brumoso del mundo, Thich Nhat Hanh sugiere

---

[146] Thich Nhât Hanh, *La Vision profonde. De la pleine conscience à la contemplation intérieure*, Albin Michel, col. Spiritualités vi-vantes, 2005.

la práctica de la mirada profunda. Mirar profundamente consiste en ver desde el interior de uno mismo, es decir, desde el punto más íntimo, más secreto.

En nuestras relaciones, comprometerse con la condición, los sentimientos y las penas del otro exige un esfuerzo intelectual, emocional y personal: ver, observar, mirar. Es una meditación para penetrar en el corazón de las cosas. Por ejemplo, un amigo atraviesa dificultades que lo ponen de mal humor. ¿Cómo ayudarlo? Mirándolo por debajo de la forma, capturando su parte de bondad y de luz. Porque en ausencia de una mirada atenta, las dificultades que atraviesa mi amigo seguirán siendo un río inaccesible. Demostrar empatía será difícil, el espíritu se encontrará con multitud de juicios, órdenes o indiferencia, que me evitarán un sufrimiento que de todas maneras no consigo comprender. Es por eso que la comprensión exige desapegarse de juicios odiosos, de prejuicios, de conceptos, de ideologías, para saber desentrañar las trampas de las apariencias y de las percepciones. Se trata de tomarse el tiempo de mirar profundamente.

¿Cuáles son los frutos? La comprensión y el amor. Al desapegarse de las consideraciones superfluas, nuestro corazón se libera y crece. Se hace posible crear una idea más justa de la realidad y amar cada vez más incondicionalmente. La comprensión profunda contiene diversos grados, se trata de un verdadero entrenamiento del que emerge también una comprensión clara de las elecciones y de las decisiones que hay que tomar. Una mirada así se desarrolla por medio de la práctica de la conciencia plena.

El 3 de abril de 1996, Thich Nhat Hanh responde a las preguntas de Vincent Bardet para el sitio de internet Buddhaline. Explica la noción de mirada profunda aplicándola directamente al escenario político francés:

En la vida cotidiana, si practicamos la atención, podemos ver las cosas de una manera más profunda y hay que mantener esta visión profunda todo el día. Ayer por la tarde, hablé de formaciones políticas como el RPR y el UDF, no mencioné el PS ni el PC, ni el Frente Nacional. Creo que en razón de la interdependencia de todos los seres, es necesario adoptar una actitud no dualista frente a todo lo que vemos, todo lo que tocamos en la vida cotidiana. Si miramos profundamente la naturaleza del FN, el FN está constituido por elementos no-FN como el PC, el PS, el UDF. El problema no es tanto oponerse al FN sino ayudar a ver las elecciones de una manera más profunda y más concreta. Hay una percepción errónea de la realidad, de la aspiración auténtica de la nación y del pueblo, insultarlo u oponerse a él no ayudaría verdaderamente, es necesario utilizar métodos hábiles hechos de compasión y de fraternidad. Evoco el dolor y la compasión, la compasión debe abrazar el dolor para transformarlo. Cuando una persona sufre a causa de una percepción errónea de las cosas, es necesario ayudarla: los jóvenes delincuentes presos no deben solamente ser castigados, son nuestros hijos y nuestros nietos. La visión no dualista es muy importante, tiene como objeto a la realidad, no le concierne sólo a los que meditan sino a todo el mundo. Hay que comprender el principio de interdependencia para cambiar la situación.

El verdadero amor está impregnado de la mirada profunda. Sólo el amor y la comprensión pueden transformar el mundo en una gran fraternidad de manera perdurable. Para vivir este amor, la transformación inicia en nosotros mismos.

¿Tomamos un tiempo para detenernos a observar profundamente a una persona o un grupo de personas? Si estamos apresurados, si nos dejamos llevar por nuestros proyectos, nuestro miedo por el futuro, nuestra incertidumbre, nuestra avidez, ¿cómo tendremos tiempo para detenernos a mirar profundamente la situación, de nuestro amado, de nuestra familia, de nuestra comunidad, de nuestro país y de los otros países? Con la mirada profunda, vemos que sufrimos, pero también que el otro sufre. No solamente nuestro grupo sufre, sino también los otros grupos. De ahí nace este tipo de conciencia, sabemos que castigar no es la respuesta.

Las herramientas del jardinero

> *Una mala hierba es una planta*
> *cuyas virtudes aún no se han descubierto*
> Ralph Waldo Emerson

La propuesta del budismo y de toda religión o espiritualidad sincera es que nos reconectemos con nuestro ser esencial.

Durante los primeros años de nuestra vida, estamos en relación con nuestros padres, así como con nuestros ancestros. Necesitamos su mirada para crecer, y los eventos que vivimos durante este periodo conforman nuestra psique. Este marco de la infancia condiciona el modo en que se establece la relación con el otro, instaurando orientaciones y tribulaciones futuras. El estudio del espíritu ocupa un lugar particularmente importante para el budismo. En la obra *Para una metamorfosis del espíritu*,[147] Thich Nhat Hanh expone con detalle los mecanismos de la conciencia.

---

[147] Thich Nhât Hanh, *Pour une métamorphose de l'esprit. Cinquante stances sur la nature de la conscience*, Pocket, 2008.

Despertar en nosotros al niño interior

Unos hilos más o menos prolongados nos relacionan con la infancia y con quienes la pueblan, recordándonos inconscientemente el pasado. El niño interior es esta parte íntima de nosotros mismos, esta parte del fondo del ser, enterrada bajo los sufrimientos y las heridas. La acumulación de estas capas termina por deformar nuestra percepción de la realidad y su lectura pasa por este filtro, se trata de un proceso inconsciente.

> La conciencia plena nos ayuda a reconocer las formaciones mentales que se manifiestan en nuestra vida cotidiana.[148]

Para reconciliarnos con esta dimensión de las profundidades, Thich Nhat Hanh llama a poner el sufrimiento a la luz de la conciencia.

> Regresar a uno mismo y cuidar de uno. Nuestro cuerpo necesita de nosotros, nuestras sensaciones necesitan de nosotros, nuestras percepciones necesitan de nosotros. El niño herido que hay en nosotros necesita de nosotros. Nuestra pena, nuestros bloqueos y sufrimientos necesitan de nosotros [...] Podremos amar si hacemos todo con conciencia plena, de manera que estemos realmente ahí.[149]

Thich Nhat Hanh habla de "abrazar" el sufrimiento, porque este acto requiere ternura, como un abrazo, necesaria para recibir los sufrimientos del niño herido. Aparece la reconciliación con todas las partes de nosotros mismos.

---

[148] Thich Nhât Hanh, *Bouddha et Jésus sont des frères*, *op. cit.*
[149] Thich Nhât Hanh, *Enseignements sur l'amour*, Albin Michel, 1990.

Nuestro valor no radica en la mirada de los otros, sino en la benevolencia que tenemos para nosotros mismos; es una dulzura hacia uno que no depende de los éxitos ni de los fracasos. Sentir una dulce compasión por uno mismo se cultiva, obliga a ir a contracorriente con los objetivos de la sociedad, atada a los objetivos de desempeño, y considera la dulzura como una forma de complacencia y de dejar ir, que se sustenta en la idea de exigencia y desempeño. Esta benevolencia permite investigar en el interior de uno mismo para entrar en contacto con nuestro niño interior. La dulzura ofrece una capacidad enorme para cuestionarse. En efecto, suscita una gran apertura a lo que es y renueva nuestras capacidades. La primera etapa es el desarrollo de una atención plena, sin rechazo ni abstención. Si no nos encontramos con nuestro niño interior y encontramos vías de transformación, nos arriesgamos a exacerbar la represión del sufrimiento. Sondear nuestro corazón y nuestra mente para observar lo que engendra el sufrimiento y, en consecuencia, negarnos a repetirlo, es una posibilidad que ofrece la meditación sincera.

> Desde el momento en que puedo aceptar realmente mi herida y estoy preparado para sentirla, ya no va a afectarme. Sentiré que soy totalmente capaz de controlar mi sufrimiento y de vivir con él, porque su esfuerzo es benéfico y, como la fruta amarga, puede incluso sanarme. Permitamos, por lo tanto, que el sufrimiento esté en nosotros. Aceptémoslo totalmente, sintámonos listos para sufrir un poco para aprender lo que quiere enseñarnos.[150]

Nuestros demonios se esconden en el fondo de nosotros, reconocerlos, acogerlos y amarlos es la vía para liberarse totalmente de ellos.

---

[150] Thich Nhât Hanh, *Prendre soin de l'enfant intérieur*, Pocket, op. cit.

El zen es así. En las profundidades de nuestra conciencia se encuentran las semillas de todas nuestras posibilidades, incluyendo las serpientes venenosas, los fantasmas y otras criaturas poco simpáticas. Aunque están ocultos, estos seres controlan nuestros impulsos y nuestras acciones. Si queremos ser libres, debemos invitar a estos fantasmas a nuestra conciencia. No debemos combatirlos como el viejo que pesca las serpientes, sino hacernos sus amigos. Si no reaccionamos así, no dejarán de atormentarnos. Al contrario, si sabemos esperar el mejor momento para invitarlos a aparecer, estaremos listos para acogerlos y, finalmente, serán inofensivos.[151]

El regreso al ritmo eterno

El 25 de septiembre de 2001, ante una audiencia de estadounidenses en la iglesia de Riverside en Nueva York, Thich Nhat Hanh revela su mirada iconoclasta en el contexto posterior a los atentados del 11 de septiembre que azotaron la ciudad:

Durante la Guerra de Vietnam, miles de personas, entre las que había amigos y discípulos, fueron asesinadas. Me sentía lleno de odio, pero actuar o hablar con cólera puede crear aún más destrucción. Comprendí que los vietnamitas no eran los únicos que sufrían, sino también sufrían los jóvenes estadounidenses enviados a Vietnam para matar o ser asesinados. Entonces, ya no sentí odio contra el pueblo estadounidense. Hoy, me siento neoyorquino. Tenemos que encontrar nuestra calma y nuestra lucidez.[152] Y sigue: la trampa del terrorismo se encuentra en el corazón humano. Mientras más matamos, más terroristas creamos. El terrorista está tocado por el virus

---

[151] Thich Nhât Hanh, *Feuilles odorantes de palmier*, *op. cit.*

[152] Jean-Sébastien Stehli, "Le maître zen du Bordelais", *L'Express, op. cit.*, 2001.

del odio. Tiene la convicción de actuar contra el mal. Hay que acabar con la enfermedad, no con el enfermo.[153]

La historia de las guerras, de las rivalidades y los conflictos, puede resumirse en esta última frase. Felizmente, existe un antídoto: el regreso al ritmo eterno. ¿Cómo podemos encontrarlo?

Un paisaje de la Torá dice que existen dos caminos: el de la vida y el de la muerte,[154] y que el hombre elegirá la vida. Somos seres vivos, por lo tanto, debemos buscar en nuestro corazón, en nuestro aliento, en nuestra respiración que permite los latidos del corazón y la oxigenación del cuerpo, que se encuentran en el camino eterno.

Al entrenarse regularmente en la toma de conciencia del aire que entra y sale del cuerpo, volver con conciencia al tiempo de la respiración se vuelve un reflejo natural. Cuando ocurre una situación grave o banal, una frase, un sufrimiento que puedan llevarnos hacia emociones como la cólera o el odio, entonces la conciencia se posa naturalmente sobre la respiración como si fuera un refugio. Al reaccionar con emoción, el ritmo cardiaco se hace más rápido. Esa fracción de segundo en la que surge la reacción es un punto de transición. Es cuando interviene la conciencia que nos devuelve a nuestra esencia, la respiración. Así, no sólo evitamos un sentimiento negativo, sino que también permanecemos anclados en el camino de la vida. La conciencia plena de la respiración destruye los sentimientos negativos y da luz a un

---

[153] *Ibid.*

[154] "...os he puesto delante la vida y la muerte, la bendición y la maldición; escoge, pues, la vida, para que vivas tú y tu descendencia", Deuteronomio, XXX, 19.

profundo sentimiento de bienestar. Es un camino hacia la libertad que exige entrenamiento; en el transcurso del tiempo, cada quien se convierte en una semilla de paz.

La cólera germina en nosotros como una semilla, así como el amor y la compasión. Nuestra conciencia abriga numerosas semillas negativas, pero también muchas otras positivas. La práctica consiste en evitar regar las que son negativas y regar cada día las que son positivas. Esta práctica es la del amor.[155]

Ir más lento

Salir del clima de violencia no será posible más que cuestionando nuestra relación con el tiempo. El culto al desempeño es una violencia que infligimos a nuestro cuerpo y a nuestro espíritu. Uno de los factores principales es el miedo. El miedo de perder el tiempo, de no estar a la altura, de la mirada del otro, de no hacer suficiente. Esta violencia se ha convertido en un mal llamado "estrés" que da origen a numerosos disfuncionamientos físicos y mentales.[156] Por lo tanto, el tiempo es la presencia. Es precisamente a otro espacio-tiempo al que Thich Nhat Hanh invita a sus lectores y visitantes del poblado de Pruniers. Varios libros o artículos dan consejos para una vida más abundante y placentera. Enseñan una mejor calidad en las relaciones con los niños, las parejas, el empleador, uno mismo. Sin embargo, finalmente, al ver en profundidad más allá de las líneas, surge esta recurrencia: el hecho de otorgarse más tiempo.

---

[155] Thich Nhât Hanh, *La Colère*, Pocket, *op. cit.*
[156] Uno de los males del siglo, según la Organización Mundial de la Salud.

En este sentido, el tiempo es el soporte sobre el que se apoya para tejer y conformar una relación satisfactoria en el mundo. Nada que tome tiempo es ya un alivio. Algunos minutos de despertar para plantear una intención sobre la jornada por venir, tomarse el tiempo para meditar sobre nosotros mismos basta para desarrollar el ser interior. Tomar el tiempo de ser y no de hacer, abrir delante de nosotros un espacio, un alimento para una vida plena. La riqueza de la práctica de la conciencia plena es revelar que nos basta "ser" para saborear la vida, y que esta felicidad es accesible para todos. Tomar el tiempo de las cosas es un acto de confianza con respecto a la vida. Para Thich Nhat Hanh, "amar es estar presente". La atención en el presente es un tesoro para quien la practica. Aquel que sabe reconocer el presente no tiene necesidad de poseerlo. No necesita poder sobre los otros, sobre los objetos y las formas, se regocija de ser quien es, de lo que viene, diseña un camino de gratitud.

Quizá se piense que el bienestar no es posible más que en el futuro, pero si uno aprende a dejar de correr, verá que hay más condiciones para ser feliz sin esperar. El único momento en el que podemos estar vivos es en el momento presente. El pasado ya no es y el futuro no es aún. No es más que el momento presente cuando podemos tocar la vida y estar profundamente vivos. Nuestra verdadera vida es aquí y ahora [...] Hay sufrimiento en el presente, pero también hay paz, estabilidad y libertad.[157]

---

[157] Thich Nhât Hanh, *Enseignements sur l'amour,* op. cit.

El poder de la compasión

Verdadero antídoto contra las divisiones, llevar a cabo la compasión exige una estabilidad libre de toda pasión. Según la filosofía budista, la compasión es el fruto del conocimiento de la interdependencia de las cosas y de la unidad del mundo. Lejos de amarrarse a las emociones personales, instantáneas, subjetivas y egocéntricas, la compasión surge de largas meditaciones y sesiones de introspección. Cuando aparece la verdadera compasión, se hace clara la dimensión sagrada de cada ser humano, superior a las diferentes formas de identidad —nacional, religiosa o social—. Invita así a cada uno a probar una mirada diferente del mundo, a sus objetivos como a sus habitantes.

En este momento, la compasión ya no es una simple opción. Si continuamos viendo el mundo únicamente bajo el prisma de nuestros intereses personales, con una visión a corto plazo, salir del callejón sin salida será cada vez más difícil. Nuestro planeta está extremadamente polarizado, las desigualdades importantes siempre están en aumento y generan resentimientos y humillaciones, terreno de desviaciones fundamentalistas y otras violencias. La compasión no exige amar a los otros, sino simplemente respetarlos, escucharlos, comprender sus penas y sus tormentos. Sin ello, el mundo ya no sería habitable.

Una sola palabra puede aportar consuelo y confianza, suprimir la duda, ayudar a alguien a no cometer un error, reconciliar las partes en conflicto o abrir la puerta de la liberación. Un solo gesto puede ser suficiente para salvar la vida de una persona o para ayudarla a tomar una oportunidad rara. Un solo pensamiento puede tener el mismo efecto, porque los pensamientos siempre dan lugar a las palabras o a los actos. Con la compasión en nuestro corazón, cada pensamiento, cada palabra y cada acto pueden producir un milagro.[158]

La paz en marcha

"Eres responsable para siempre de aquello que has domesticado".

—¿Qué significa "domesticar"? —dijo el Principito.

—Es algo muy olvidado —dijo el zorro—. Significa "crear lazos"[...].[159]

"El efecto mariposa", bien conocido, dice que el batir de las alas de una mariposa puede desencadenar un huracán en otra parte del mundo. De la misma manera, el pensamiento no es neutro, emite vibraciones en el espacio. En una habitación, el flujo de pensamientos crea una energía que suele percibirse en "la atmósfera". Somos seres vibradores cuyo conjunto de actos, pensamientos y palabras influye en el mundo. Un proverbio chino dice: "Mientras observas una flor, no olvides que ella también te observa". Entre el observador y lo observado existe un fenómeno de retroacción. En estas condiciones, ¿cómo se interpreta el futuro? Esta conciencia implica de hecho una gran responsabilidad. Como el Principito que domestica a la zorra, aprendemos a domesticar al mundo, que se vuelve nuestro, crecemos, adquirimos

---

[158] *Ibid.*

[159] Antoine de Saint-Exupéry, *El Principito*, Buenos Aires, Lea, 2017.

madurez, en la medida en que crecen nuestras perspectivas, debemos ser responsables.

La conciencia de su participación total en el juego de la creación condujo a Thich Nhat Hanh a encontrar entornos muy diversos, como los de la alta tecnología, la ecología o la política, siempre con la óptica de expandir las semillas de la paz y la comprensión. Una gran parte de su actividad está al servicio de la creación de comunidades.

El arte de escuchar, una inspiración para los líderes

¿Es posible escucharlo todo? ¿Todas las palabras, todas las historias son audibles? La facultad de escuchar es un arte que toma años desarrollar. La experiencia demuestra que la capacidad de escuchar no se les da a todos; es bastante rara porque exige una presencia, una especie de afinidad silenciosa, incluso un nivel de madurez espiritual importante. La escucha resulta a la vez de la mirada profunda relacionada con la benevolencia, y de la compasión; lo que Thich Nhat Hanh llama "la escucha profunda". Tales cualidades permiten comprender al otro con más cercanía, asir su historia y su mensaje.

El siguiente ejemplo es testimonio de la importancia crucial de practicar el escuchar con justicia. El escritor Primo Levi, de regreso del campo de concentración de Auschwitz, en Polonia, celebró la alegría del reencuentro rodeado por su familia en Italia, su país natal. Durante la comida, él da testimonio de su experiencia. Y entonces, "un mundo helado se cerró sobre mí",[160] escribió. El

---

[160] Boris Cyrulnik, *Mourir de dire: La honte*, Odile Jacob, 2010.

horror de su narración provoca incomodidad y silencio. Por lo tanto el horror se le presenta como incompartible. Cuando se publica su libro, es un fracaso: nadie es capaz de escuchar semejante carga. Aunque es libre, está condenado a una especie de aislamiento mental, es prisionero de sus dolorosos recuerdos, resulta difícil hacer espacio para el testimonio de lo absurdo en el seno de la sociedad. En esa época, faltan recursos para comprender a profundidad.

> Escuchar tiene un solo objetivo: permitir al otro vaciar su corazón. Si se practica así, siempre habrá compasión. Si la conciencia está ahí, estoy seguro de que sabrán que el odio, la violencia y la cólera no pueden neutralizarse y sanarse más que por una sola sustancia: la compasión. El antídoto del odio y de la violencia es la compasión.[161]

Desde finales de la década de 1990, los medios de comunicación se multiplicaron. Sin embargo, ¿comprendemos mejor? Comunicar es un arte que requiere una calidad de presencia, la conciencia de las palabras justas, un espacio-tiempo adaptado. En beneficio de la élite política y económica mundial, a través de los Cinco entrenamientos de la conciencia plena, Thich Nhat Hanh aconseja la práctica de la escucha profunda del otro. Escuchar es la clave para comprender a los hombres y a las mujeres. El retiro en meditación invita a escuchar. La verdadera atención nace en el silencio y empieza por escucharse a uno mismo. Conectarse con nuestra parte íntima y nuestra profundidad es una promesa de un

---

[161] Extracto del discurso en Berkeley, "L'écoute n'a qu'un seul but : permettre à l'autre de vider son coeur", 13 de septiembre de 2001, traducción al francés de Marianne Coulin.

poco de nuestra verdad para aquel que vendrá un día a confiar. Por eso, escuchar precede a la comunicación.

En el poblado de Pruniers y en Israel, se ponen en marcha programas de reconciliación entre israelitas y palestinos, con bellos resultados. Una de las formas de la compasión se encuentra en escuchar. En efecto, contar la historia propia inicia también un beneficio terapéutico.

> Cuando se llega a la mesa de negociaciones, se quiere paz, se espera la paz. Pero si uno no domina el arte de la escucha compasiva y del habla amorosa, será difícil obtener resultados concretos, porque el odio y la cólera siempre están ahí y dificultan nuestra capacidad de traer la paz. Nuestros gobiernos deberían saber que la práctica que consiste en restaurar la comunicación es un factor de éxito muy importante. El simple acto de escuchar puede tomar uno o dos meses. Sin embargo, si no tenemos prisa de sacar una conclusión, la paz será posible.[162]

Construir una comunidad de amor

Más que cualquier otra especie, los seres humanos dependemos radicalmente del amor. Nuestros cerebros evolucionaron para prodigar atención y cuidado, así como para recibirlos, al punto de que se deterioran si les falta este alimento. Así, el amor maternal requiere una acción entregada, desinteresada y un alto grado de olvido de uno mismo. Al extender esta inteligencia a otros y no solamente a aquellos con quienes estamos relacionados genéticamente, contribuimos con nuestra supervivencia. Esto nos pone a pensar que el interés personal y el del grupo es el mismo, y que es esencial para alcanzar una sociedad viable.

---

[162] *Ibid.*

La calidad de las relaciones entre los miembros de una sociedad es un indicio para determinar su salud interior. De la misma manera, los lazos que mantenemos con los demás son lo que nos hace felices. Según Thay, el sentido de la comunidad necesita redescubrirse, sobre todo en los países ricos donde reina el individualismo. De la calidad de las relaciones nace la inteligencia colectiva y la creativa. La ambición de Thich Nhat Hanh y de Martin Luther King era dar origen a una gran comunidad que se basara en la fraternidad humana. La comunidad es la oportunidad de conocer realmente al otro, es un campo de relaciones libres y desinteresadas, cuyos miembros comparten aspiraciones humanistas similares.

En el poblado de Pruniers, los niños son el centro de atención. Cada adulto se dedica a ayudar a los niños a sentirse felices y seguros. También sabemos que si los niños son felices, los adultos también lo serán.[163]

Buda les habla a sus discípulos de refugiarse en las "tres joyas": Buda, el dharma y la *sangha*.

Sabemos que en cada sociedad, en cada nación, es muy importante poder ofrecer un techo a cada poblador. Hay muchos indigentes. Espiritualmente hablando, no tenemos un lugar a dónde ir. Por eso es tan importante la práctica de brindar refugio. Tenemos que aprender a "volver a nosotros mismos".[164]

En la base del amor, está la conciencia plena. Es imposible amar sin "estar presente". Aprender a estar presente puede parecer fácil, pero a menos que estemos entrenados en ello, es difícil.

---

[163] Thich Nhât Hanh, *Enseignements sur l'amour*, Albin Michel, 1999.

[164] Thich Nhât Hanh, *Bouddha et Jésus sont des frères*, op. cit.

Vivimos en el olvido desde hace miles de años y no cambiamos nuestros hábitos de la noche a la mañana; nuestro encuentro profundo con la vida no es posible más que en el instante presente. Para lograrlo, nos hace falta sustento, y ese sustento es la *sangha*.[165]

En el poblado de Pruniers, cuando sobrevienen problemas relacionales, los residentes utilizan tres frases cortas para comenzar un trabajo de reconciliación: una para expresar reconocimiento del estado emocional del otro, una para decir que se hace lo mejor, una para compartir su sufrimiento.

Si tienes un hermano o una hermana difíciles, ayúdalos, porque él o ella eres tú. Si no puedes ayudarles, tu práctica no desembocará en nada positivo. Si persistes en percibirte como un individuo separado, pensando que la felicidad es algo individual, fracasarás. Cuando hayan establecido raíces los unos en los otros, los sentimientos de aislamiento y de soledad que nos habitan se transformarán. Ya no somos sólo un individuo. Llevamos en el corazón a todos nuestros hermanos, nuestras hermanas y nuestros semejantes.[166]

Thich Nhat Hanh ama dar ejemplos concretos de situaciones que se viven. Su enseñanza se forja a la luz de su experiencia personal de varias décadas en los más variados contextos y junto a las personas más diversas. A propósito del amor, podría encarnarse así; el tema de este extracto es la madre.

Quizá tengas ganas de entrar en su habitación con una sonrisa tranquila y silenciosa y sentarte cerca de ella. Sin decir nada,

---

[165] *Ibid.*

[166] Thich Nhât Hanh, *Prendre soin de l'enfant intérieur*, Belfond, 2014.

pídele que interrumpa su trabajo. Después, mírala larga y profundamente, para verla bien, para ver que está bien ahí, viva, a tu lado. Toma su mano ya hazle una breve pregunta para llamar su atención: "Mamá, ¿sabes qué?"; un poco sorprendida, ella te preguntará, probablemente sonriendo: "¿Qué?"; sigue mirándola a los ojos con una sonrisa serena y dile: "¿Sabes que te quiero?".[167]

Jesús es el Buda de Occidente

De Vietnam, bajo el yugo de la dictadura de Diem, a Estados Unidos, durante los movimientos contra Vietnam, las relaciones entre el budismo y el cristianismo no han dejado de reafirmarse. Thich Nhat Hanh mantiene correspondencia con cristianos muy comprometidos. En Estados Unidos, su interés por el mensaje de Jesús lo lleva a relacionarse amistosamente con Thomas Merton y Daniel Berrigan. Participa en la celebración de la eucaristía con este último. En Europa, la acción de la delegación vietnamita por la paz encontró importantes apoyos en asociaciones cristianas, y Thay veía a sus miembros como verdaderos bodhisattvas. A través de su obra, el monje zen identifica profundas similitudes entre el budismo y el cristianismo, como en *Bouddha et Jésus sont des frères* (*Buda y Jesús son hermanos*).[168] Cualquiera que sea la tradición, insiste en la necesidad de una espiritualidad que se viva plenamente, que no se detenga inmediatamente después de franquear las puertas de las iglesias o de los templos.

---

[167] Thich Nhât Hanh, *Enseignements sur l'amour, op. cit.*
[168] *Op. cit.*

> Si el Cristo es el cuerpo de Dios, el pan que nos ofrece también es el cuerpo del cosmos. Mira profundamente y verás el sol, el cielo azul, la nube y la tierra en el pan. ¿Podrías decirme qué es lo que no hay en un pedazo de pan? Y lo comes para estar vivo, plenamente vivo. En el poblado de Pruniers, aprendes a comer el muesli con plena conciencia, porque el muesli es el cuerpo del cosmos. Cómelo de manera que sean posibles la fe, el amor y el despertar.[169]

Según Thich Nhat Hanh, es necesario aprender a tocar la naturaleza de Buda, no como idea, sino como realidad. Buda no puede reducirse a una historia milenaria, ni a un espacio-tiempo, forzosamente relativo. Al aproximarse a la conciencia última y viviendo en la conciencia plena, cada uno realiza las enseñanzas de Buda.

> Si practicas bien, un día comprendes que Buda no es otro. Buda está en nosotros porque la sustancia de un Buda es la conciencia plena, la comprensión y la compasión. Si practicas bien y escuchas a Buda, sabrás que la naturaleza de Buda está en ti.[170]

> La conciencia plena es estar consciente de todo lo que haces cada día. La conciencia plena es como una lámpara que alumbra todos nuestros pensamientos, nuestros sentimientos, nuestros actos y nuestras palabras. La conciencia plena es Buda. La conciencia plena es el equivalente al Espíritu Santo, la energía de Dios.[171]

Thich Nhat Hanh alienta a cada uno a reconciliarse con sus raíces, ya se trate de raíces familiares, religiosas o espirituales. Renovar, reavivar, reanimar los marcos y las estructuras de la sociedad con un fuego nuevo, habitar-

---

[169] Thich Nhât Hanh, *Bouddha et Jésus sont des frères*, op. cit.
[170] *Ibid.*
[171] *Ibid*

los con una energía renovada, hecha de compasión y de conciencia. Otros lo llaman "la gracia", el fuego divino, la luz, la energía.

No hay ni muerte ni miedo

A inicios de 2014, la salud de Thich Nhat Hanh, entonces de 88 años, parece ser más frágil. Durante algunas semanas, muestra señales de debilidad poco comunes hasta entonces, que acentúan el deterioro de su estado de salud y, finalmente, lo llevan a la hospitalización en Burdeos, el 1° de noviembre.

Rodeado de los mejores cuidados y acompañado por algunos de sus discípulos monásticos, en los siguientes días, el carismático dirigente del poblado de Pruniers recupera las fuerzas poco a poco, lo que permite augurar un rápido restablecimiento.

El 11 de noviembre, contra todos los pronósticos, Thay es víctima de un violento derrame cerebral que lo obliga a entrar en cuidados intensivos. Mientras que la *sangha* se estremece por la noticia que se extiende por todo el mundo, los neurólogos que lo rodean consideran con prudencia que el hecho de que esté consciente, de que pueda mover los pies, las manos y los ojos, es bastante alentador en la óptica de una recuperación plena.

En el transcurso de los días, los estudios revelan que el derrame no se extendió y confirman que los centros vitales no presentan anomalía alguna, lo que incita a concluir que el estado del enfermo es estable. El 15 por la mañana, consigue abrir los ojos un breve instante, plenamente consciente de lo que lo rodea, y después levanta una mano para tocar a uno de sus discípulos que está cerca de su cama. Todos los presentes, sin ocultar su alivio, ven en ello la señal de una evolución positiva.

Entre largas horas de sueño, Thich Nhat Hanh vuelve a abrir los ojos en muchas ocasiones durante los días siguientes y responde con la cabeza a las preguntas que se le hacen, señal indiscutible de que es plenamente consciente de lo que lo rodea.

Sin embargo, los médicos no ocultan su preocupación, considerando que su estado sigue siendo crítico, en vista de su edad, y que puede cambiar en cualquier momento. En otras palabras, aún es demasiado pronto para dar una opinión sobre las secuelas del derrame que lo abate.

A finales de noviembre, Thay permanece bajo vigilancia constante, acompañado de sus discípulos más cercanos, y nuevos estudios confirman que el derrame no se extendió y que incluso empieza a disminuir, pero el edema sigue siendo importante. Los médicos que están a su lado están impresionados por la regularidad de su respiración y la constancia del nivel de oxígeno en su sangre, lo que sus allegados explican por el hecho de que, a pesar de su estado, logra controlar su respiración y, así, una parte de su metabolismo. No hay que olvidar, en efecto, que toda su vida practicó y transmitió los beneficios de la conciencia plena de una respiración profunda, susceptible de llevar la calma y el equilibrio tanto al espíritu como al cuerpo.

Las semanas pasan y el estado de Thich Nhat Hanh sigue evolucionando delicadamente para bien. Está consciente, abre los ojos por periodos más largos y regulares, lo que lleva a los médicos a considerar que salió definitivamente del coma.

A principios de enero de 2015, reconoce a las personas a su alrededor, responde con la cabeza a las preguntas que le hacen y su rostro se ilumina con una pequeña sonrisa, después con una pequeña risa, pero todavía no puede hablar. Su estado general es estable, pero su grado de afasia sigue siendo importante y necesita cuidados permanentes, en particular, sesiones de fisioterapia, a las que se somete con una aplicación continua que expresa su deseo de progreso, al punto de que ejecuta solo, durante el día, los ejercicios que debe hacer en el periodo de rehabilitación.

Finalmente se toma la decisión de transferirlo a una clínica de rehabilitación para personas que sufrieron derrames cerebrales, donde terapeutas especializados le prodigan cuidados aún más adecuados para su estado.

Los masajes, tratamientos de acupuntura, cuidados de comodidad y un entrenamiento físico regular le permiten recuperar pronto sus fuerzas y un poco de tono muscular. Vuelve a aprender a sentarse, a levantarse y a permanecer de pie, a mover de nuevo sus extremidades, demostrando una concentración que impresiona al personal médico... pero que no sorprende a sus allegados, quienes lo vieron poner en práctica, de las maneras más elementales, los principios de la conciencia plena de los que fue ardiente defensor.

En el curso de los meses, la condición física de Thich Nhat Hanh mejora lentamente y permite entrever con claridad que la recuperación va a ser larga. Aunque empieza a vocalizar, todavía no puede hablar, pero se comunica con más facilidad, constante y silenciosamente, con quienes lo rodean. Luego de varios meses de hospitalización, Thay expresa claramente su voluntad de volver a casa, en el poblado de Pruniers.

Después de unos análisis cuyos resultados son juzgados suficientemente positivos como para darle luz verde, el acontecimiento que esperan todos los miembros de la *sangha* ocurre el 3 de abril de 2015.

En un momento de gran emoción y de gran fervor espiritual, Thich Nhat Hanh vuelve a su ermita y a los miembros de su comunidad, que desde entonces se van a ocupar de él de noche y de día, con el apoyo de médicos y enfermeras. Varios terapeutas también lo acompañan para enseñarle a deglutir, a recuperar el habla, a estimular sus funciones generales y a contribuir a reducir los efectos de la hemiplejia.

También recupera, con todos sus sentidos de alerta, el placer por la naturaleza —la Tierra madre—, las magnolias en flor, los bellos árboles que tanto estima, en medio de los cuales se pasea en silla de ruedas y que ayudan a su lenta recuperación.

El julio se perfila una nueva etapa del largo programa de rehabilitación que aún falta poner en marcha.

Thay exhibe la voluntad intensa de aumentar sus sesiones y las condiciones que le permitirán recuperar una locución normal así como el pleno dominio de sus facultades motrices, lo que va a requerir medios más significativos para superar sus discapacidades actuales y recuperar una existencia lo más cercana posible a la que tenía antes de su accidente cerebral.

Se toma la decisión, con su autorización, de confiar su caso a un equipo de eminentes neurólogos estadounidenses del centro médico UCSF,[172] en San Francisco, famoso por especializarse en rehabilitación cognitiva y neurológica de pacientes discapacitados por las secuelas de un ataque cerebral grave. En vista de su estado de salud, se elabora un programa terapéutico de cinco a seis

---

[172] Universidad de California de San Francisco.

meses, que le permitirá beneficiarse de las más recientes innovaciones robóticas para la rehabilitación y seguir un entrenamiento físico más fuerte, asistido siempre por terapeutas y especialistas a la vez en el hospital, de día, y en su casa.

En el jet privado que un generoso donante reservó para él, durante el vuelo que lo transportó a Estados Unidos, Thich Nhat Hanh pudo disfrutar el dar algunos pasos de una corta caminata de meditación. Además, tranquilizó a todos los que fueron a esperarlo calurosamente al aeropuerto, los agasajó bajando del avión erguido y a pie con una gran sonrisa en los labios.

Dos meses más tarde, sostenido siempre por la energía de las plegarias de su *sangha* en todo el mundo, Thay tuvo el privilegio de beneficiarse de las mejores técnicas de la medicina, occidentales y orientales, tanto convencionales como alternativas, mezclando cuidados alópatas con tratamientos de acupuntura, ortofonía, kinesioterapia, osteopatía e incluso neurorretroalimentación.

Este programa, por supuesto, tuvo algunos momentos de gran fatiga, que debió compensar con sesiones de reposo, pero igualmente vio progresos significativos que pronto lo llevaron a pronunciar algunas palabras y a volver a caminar. Estas primeras mejorías, lentas y alentadoras, lo dejaron vislumbrar también que el camino hacia una recuperación total sería largo aún.

El camino recorrido en compañía de Thich Nhat Hanh no se detiene ahí. De todas partes, de todos los rincones del mundo, hombres, mujeres y niños le envían su energía para que supere esta prueba, a la imagen de los miembros de su *sangha*, cuya presencia y mensaje siguen siendo constantes:

En este momento particular, nuestra práctica de estabilidad y de paz es el mejor apoyo que podemos ofrecer a Thay. Tomemos juntos, a través del mundo, el refugio en nuestra práctica y vayamos juntos como un río para ofrecer a Thay nuestra energía colectiva y poderosa. Nosotros somos todas las células del cuerpo de esta gran *sangha* que Thay hizo brotar durante su vida.

En esta situación por la que atraviesa, Thay conserva una dulce sonrisa en los labios, a pesar de los sufrimientos que lo afligen y las discapacidades que debe superar; como el gran maestro espiritual que es, demuestra que fue y seguirá siendo un ejemplo. Incluso cuando su cuerpo está fatigado, disminuido, sigue siendo el ejemplo vivo de los beneficios de la conciencia plena en la cotidianidad, cualesquiera que sean las circunstancias, sin que sea jamás cuestión de límite.

Un eco infinito

Un maestro se reconoce por sus discípulos. Para un verdadero sabio, las recompensas honoríficas valen poco. La inspiración que su enseñanza origina en el corazón de miles de hombres y mujeres, así como su práctica concreta, es infinitamente más preciosa para la Tierra y sus habitantes. En Francia, entre sus discípulos se encuentran Ha Vinh Tho, director del programa del Centro Nacional del Bienestar; Philippe Desbrosses, ecologista, o incluso Christiana Figueres, secretaria ejecutiva de la Convención Marco de las Naciones Unidas sobre el Cambio Climático, que narró cómo las enseñanzas de Thay la consolaron cuando atravesaba por una crisis personal y le permitieron mantenerse concentrada en la organización de los debates sobre el clima. Dejemos, entonces, la palabra a algunas de las personas que se cruzaron en su camino.

En 2016, el estadounidense Gregory Kennedy-Salemi, productor, presenta *The 5 Powers*, un documental sobre la historia de Thich Nhat Hanh, Martin Luther King Jr., la hermana Chan Khong y Alfred Hassler durante el periodo decisivo de la década de 1960.

La elección de hacer esta película tiene sus orígenes en la historia de mi familia. Después de haber conocido muchos directores, me di cuenta de que en realidad no es uno el que monta una película, sino que la película viene a ti. Mis padres y mi abuela marcharon al lado del doctor King durante la gran marcha de 1965. Mi abuela era de Luisiana, ella le preparaba a King el quimbombó. Para él, la casa de Luisiana era un refugio de paz. Estaba en una situación delicada. Todavía era joven, pero ya cargaba sobre sus hombros las inmensas responsabilidades del movimiento por los derechos civiles. La historia familiar me dio el impulso para comprometerme socialmente. Varios años más tarde, en la universidad, leí un libro sobre la no violencia que hacía hincapié en las relaciones entre Thich Nhat Hanh, Alfred Hassler y el doctor King, lo que atrajo mi curiosidad. En 2001, tuve la oportunidad de asistir a la Universidad de Ginebra, donde inicié el encuentro decisivo con una austriaca. Por juegos del azar, trabajé en Austria con la Fellowship of Reconciliation (FOR), y después me enviaron a los Países Bajos. A mi llegada, me esperaba un pequeño comité de bienvenida. Una mujer se presentó como Laura Hassler; de verdad no lo creía, pero le pregunté de todas maneras si conocía a Alfred Hassler. "Sí, es mi padre", me dijo. Era increíble. Le conté de mi entusiasmo por la no violencia. Ella me invitó a su casa y, por medio de fotografías, me mostró este pedazo de historia entre Thich Nhat Hanh, los Hassler y el doctor King. Conocí la famosa historieta gráfica. Sin reflexionarlo mucho, le dije a Laura que una película sobre esa historia sería formidable, eso fue hace más de diez años.[173]

---

[173] Testimonio de Gregory Kennedy-Salemi al autor.

La realización de su documental lo llevó a la práctica de la meditación de la conciencia plena, y a conocer mejor a Thich Nhat Hanh.

La conciencia plena es un proceso continuo que me cambió la vida. Es un camino y no un destino, me enseña continuamente, este proceso me ha llevado a desarrollar relaciones humanas de calidad, conocí las relaciones con los otros, el Interser y la naturaleza interdependiente de las cosas, así como la compasión profunda, la comprensión y la escucha profunda. Thich Nhat Hanh rompe la tradición del budismo con su activismo no violento. Yo pongo a Thay en el mismo rango que al Dalái Lama, sus historias son similares, los dos fueron exiliados, están dedicados al camino de la no violencia en el seno de la sociedad y comprometidos con la protección del planeta. Thich Nhat Hanh es una personalidad de primer orden. Son personalidades "sagradas", existen para ayudarnos a despertarnos a la realidad exterior e interior.[174]

En Francia, la tarde del 13 de noviembre de 2015 en París y en Saint-Denis, varios atentados organizados de manera simultánea dirigidos a terrazas y una sala de conciertos, provocaron la muerte de 130 personas. El Estado Islámico reclamó los ataques, que fueron perpetrados por medio de muchos franceses. Su brusquedad y violencia sumieron al país en un estado de conmoción.

Desde hacía un año, Thay había perdido el uso de la palabra. Desde entonces, fueron las personas que él había inspirado durante estos años quienes tomaron el relevo y difundieron con su comportamiento la enseñanza de la no violencia que les brindó el maestro.

Más de 1 000 comunidades en el mundo se reconocen por la enseñanzas que él transmitió; más de 600 monjes y monjas están directamente relacionados con el pobla-

---

[174] *Ibid.*

do de Pruniers; miles de jóvenes laicos simpatizantes participan en sus retiros, siguen su cuenta de Twitter y su página de Facebook... Más de un millón de personas siguen y ponen en práctica sus enseñanzas.

Una prueba de que las semillas que plantó Thay rindieron sus frutos es la carta de resistencia en la paz que escribió un francés de 28 años residente de Montreal, Alexis-Michel Schmitt-Cadet, que perdió a su primo Éric en la sala de conciertos del Bataclan. En ella, identifica las trampas de la violencia, abriéndose a vías que lleven a la sanación.

> Queridos amigos de todas partes,
> Les escribo desde Montreal. El viernes perdí a mi primo en los atentados que se cometieron en Francia. Lloré ante esta terrible noticia. Éric era papá de una niña pequeña y su compañera va a dar a luz en dos meses. Tantas cosas se mueven en mi cabeza.
> Inhalo, exhalo.
> Éric, tú eras (y eres en mi corazón) un ser lleno de alegría. Voy a rendirte homenaje estando alegre y tratando de dar alegría a otros. Hoy, quiero llevar esta alegría a esta violencia, a este sufrimiento sin nombre. Eres un ejemplo y te honraré siguiendo tu camino de alegría y de apertura de espíritu.
> Inhalo, exhalo.
> No me rendí a la cólera y a la exigencia de venganza. Porque la cólera y la venganza aman estos actos de odio. Hoy, sólo quiero tener en mis brazos a los seres cercanos, desconocidos, y decirles que los amo. Sólo el amor nos sacará de este círculo de sufrimiento.
> Inhalo, exhalo.
> Al perder a un ser querido, soy consciente de lo que vive la gente en la cotidianidad del mundo, que están en Iraq, en Siria, en Afganistán, pero también en Estados Unidos. Todos los días, en todo el mundo, las balas asesinan gente. Hoy, tengo la ocasión de unirme a ellos, a sus allegados, y de expresarles mi compasión.

Inhalo, exhalo.

Al odio, a Mara, y a todos los que caen ante él: los veo. No son más que una ilusión y no me identificaré con ustedes. En mi camino de paz, no hay excepción. Ante el sufrimiento, observo y dejo hacer. No me opongo. No me identifico. También les ofrezco amor a los hombres que matan. Incluso aunque condeno su acto por completo, no puedo olvidar que es una parte del sufrimiento colectivo que los habita. Hago el voto de trabajar sobre mis propios sufrimientos con el fin de ayudar a disminuir, desde mi humilde nivel, el sufrimiento colectivo.

Inhalo, exhalo.

Hoy, las personas se hablan, abren puertas que estaban cerradas, son solidarias. Incluso cuando esta ola no es más que temporal, quiero ver también esta presencia, este apoyo, este amor del otro. Me entristece que no ocurra más que en momentos de desesperanza y me hace feliz pensar que existe siempre. Hago el voto de mantener en mí este espíritu de apertura y de acompañar al otro a abrirse.

Inhalo, exhalo.

Inhalo, exhalo.

Inhalo, exhalo.

Así se perpetúa la llama de paz que iluminó Thay. Esta historia no tiene ni tendrá final. El espíritu de este hombre iluminado, que produjo tantos escritos, comentarios sobre los antiguos textos budistas, decenas de obras sobre la meditación, la conciencia plena y la paz, centenas de poemas y plegarias, siempre estará presente.

La semilla, si no muere, no puede realizarse

Hubo un tiempo bendito en Vietnam, cuando existía un rasgo común entre los dioses y los reyes. Sus vidas enteras estaban consagradas al servicio de los hombres y de sus pueblos. Esta condición pertenecía a quienes se habían dado cuenta de que la libertad es, en principio, interior. A esos pocos, se sumaron otros, que en Oriente se llamaron "sabios" y en quienes, en Occidente, vieron santos. Son raros y, sin embargo, incluso después de su partida, sus vidas resuenan con un eco luminoso e infinito. Quizá Thich Nhat Hanh es uno de ellos. Como digno sucesor de Buda, el joven vietnamita, amoroso de su tierra y de la sabiduría, perpetuó el dharma, el camino justo, sin temer su actualización para acercarlo a sus contemporáneos.

Como lo expresó en 2009, "La presencia de la *sangha* lleva la presencia de Thay. Por favor, permítanme caminar con sus pies, que tienen salud, respirar con sus pulmones, que están sanos, y sonreír con sus hermosas sonrisas".[175] Y a modo de lo que jamás será una conclusión, con una enorme sonrisa antes de reír: "No voy a morir... Si miran a su alrededor, van a poder verme en los monjes y las monjas".[176]

Se dice que un ser despierto, incluso después de su muerte, jamás abandona este mundo porque su energía sigue brillando a través de los seres que frecuentó y la naturaleza que recibió sus vibraciones de paz y de amor. Su ser continúa ayudando y sosteniendo, exactamente como una lámpara que alumbra lo que la rodea. No hay muerte ni miedo.

---

[175] Villagedespruniers.net

[176] *Psychologies Magazine*, "Thich Nhât Hanh, le plus grand maître du bouddhisme", Anne-Laure Gannac, marzo de 2014.

Anexo 1 ✔

Los catorce preceptos de la Orden del Interser

1. No hagas una idolatría de cualquier doctrina, teoría o ideología, incluido el budismo. Los sistemas de pensamiento búdico deben considerarse guías para la práctica y no la verdad absoluta.

2. No pienses que tu saber actual es inmutable y una verdad absoluta. Evita tener un espíritu estrecho y atarte a sus puntos de vista presentes. Aprende y practica el camino del desapego con el fin de estar abierto a los puntos de vista de los demás. La verdad sólo se encuentra en la vida y no en los conceptos. Debes estar preparado para aprender toda la vida y para observar la vida en ti mismo y en el mundo.

3. No obligues a los demás, incluyendo a los niños, a adoptar tus puntos de vista, por cualquier medio: autoridad, amenaza, dinero, propaganda o, incluso, educación. Respeta las diferencias entre los seres humanos y la libertad de opinión de cada quien. Sin embargo, debes saber utilizar el diálogo para ayudar a los demás a renunciar al fanatismo y a la estrechez del espíritu.

4. No evites el contacto con el sufrimiento ni cierres los ojos ante él. No pierdas la conciencia plena de la existencia del sufrimiento en el mundo. Encuentra maneras de acercarte a los que sufren, ya sea por el contacto personal, las visitas, las imágenes, el sonido... Por tales medios, despierta tú mismo y a los demás a la realidad del sufrimiento en el mundo.

5. No acumules riquezas ni bienes cuando millones de seres humanos sufren hambre. No tengas la gloria, el provecho, la riqueza o los placeres sensuales como objetivo en tu vida. Vive simplemente y comparte el tiempo, la energía y los recursos personales con quienes lo necesitan.

6. No conserves ira u odio en ti. Aprende a examinar y a transformar la ira y el odio cuando apenas son semillas en las profundidades de tu conciencia. Cuando se manifiesten, dirige tu atención a la respiración y observa de manera penetrante con el fin de ver y comprender la naturaleza de esta cólera y este odio, así como la naturaleza de las personas que sean la causa. Aprende a mirar a los seres con los ojos de la compasión.

7. No te dejes llevar por la dispersión y por lo que la rodea. Practica la respiración consciente y regresa a lo que pasa en el instante presente. Entra en contacto con lo maravilloso, lleno de frescura y vigor. Siembra en ti las semillas de la paz, la alegría y la comprensión para ayudar al proceso de transformación en las profundidades de la conciencia.

8. No pronuncies palabras que puedan sembrar la discordia y causar la ruptura de la comunidad. Con palabras serenas y actos tranquilos, haz todos los esfuerzos posibles para reconciliar y resolver los conflictos, aunque sean pequeños.

9. No digas cosas falsas por interés personal o para impresionar a los demás. No pronuncies palabras que

siembren la división y el odio. No difundas noticias sin asegurarte de su veracidad. No critiques o condenes algo de lo que no estás seguro. Habla siempre honesta y constructivamente. Ten el valor de decir la verdad sobre situaciones de injusticia, incluso cuando amenace tu propia seguridad.

10. No uses a la comunidad religiosa con un interés personal, ni la transformes en un partido político. La comunidad en la que vives debe tomar una postura clara contra la opresión y la injusticia, y debe esforzarse por cambiar la situación sin comprometerse en conflictos partidarios.

11. No ejerzas una profesión que pueda dañar a los seres humanos y la naturaleza. No inviertas en compañías que priven a los demás de oportunidades de vida. Elige una vocación que ayude a realizar tu ideal de vivir en la compasión.

12. No mates. No permitas que otros maten. Encuentra todos los medios posibles para proteger la vida y evitar la guerra. Trabaja en el establecimiento de la paz.

13. No poseas nada que pertenezca a otros. Respeta la propiedad de los demás pero impide el enriquecimiento con el sufrimiento de los seres humanos o de otros seres vivos.

14. No maltrates tu cuerpo. Aprende a respetarlo. No lo consideres simplemente como un instrumento. Conserva las energías vitales (la sexual, la respiración, el sistema nervioso) para la realización del Camino. La expresión sexual no se justifica sin amor y compromiso. En cuanto a las relaciones sexuales, sé consciente del sufrimiento que pueda causarse a otras personas en el futuro. Para preservar la felicidad de los demás, respeta sus derechos y compromisos. Sé plenamente consciente de tu responsabilidad de traer nuevas vidas

al mundo. Medita sobre el mundo al que estamos tra-
yendo nuevos seres.

Anexo 2

Manifiesto 2000 para una cultura de paz y de no violencia

Porque el año 2000 debe ser un nuevo comienzo, es la ocasión para transformar, juntos, la cultura de la guerra y la violencia en una cultura de paz y de no violencia,

porque una transformación como esta requiere la participación de todos y debe ofrecer a los jóvenes y a las generaciones futuras valores que los ayuden a construir un mundo más justo, más solidario, más libre, digno y armonioso y más próspero para todos,

porque la cultura de la paz hace posible el desarrollo perdurable, la protección del ambiente y la plenitud de todos,

porque soy consciente de mi parte de responsabilidad en el porvenir de la humanidad y, en particular, de los niños de hoy y de mañana,

yo asumo el compromiso, en mi vida cotidiana, mi familia, mi trabajo, mi comunidad, mi país y mi región, de:

1. respetar la vida y la dignidad de cada ser humano, sin discriminación ni prejuicio;

2. practicar la no violencia activa, rechazando la violencia en todas sus formas: física, sexual, psicológica, económica y social, en particular hacia los más desfavorecidos y los más vulnerables, como los niños y los adolescentes;

3. compartir mi tiempo y mis recursos materiales, cultivando la generosidad, con el fin de acabar con la exclusión, la injusticia y la opresión política y económica;

4. defender la libertad de expresión y la diversidad cultural, privilegiando siempre la escucha y el diálogo sin ceder al fanatismo, la maledicencia y el rechazo del otro;

5. promover un consumo responsable y un modo de desarrollo que tenga en cuenta la importancia de todas las formas de vida y conserve el equilibrio de los recursos naturales del planeta;

6. contribuir al desarrollo de mi comunidad, con la participación plena de las mujeres y respetando los principios democráticos para crear, juntos, nuevas formas de solidaridad.

Firma
***

Anexo 3

Manifiesto 2000

Seis principios para una cultura la paz

1. El respeto a toda la vida

Respetar la vida y la dignidad de todo ser humano sin discriminación ni prejuicio.

2. El rechazo de la violencia

Practicar activamente la no violencia, rechazar la violencia bajo todas sus formas: física, sexual, psicológica, económica y social, en particular la que se ejerce en contra de los más desfavorecidos y los más vulnerables, como los niños y los adolescentes.

3. Compartir con el otro

Compartir el tiempo y los recursos materiales, en un espíritu de generosidad, para poner fin a la exclusión, la injusticia y la opresión política y económica.

4. La atención orientada a la comprensión

Defender la libertad de expresión y la diversidad cultural, privilegiando siempre el diálogo y la atención, en lugar de dejarse llevar por el fanatismo, la denigración y el rechazo del otro.

5. La conservación del plantea

Promover un comportamiento de consumo responsable y prácticas de desarrollo que respeten todas las formas de vida y conserven el equilibrio natural del planeta.

6. El redescubrimiento de la solidaridad

Contribuir al desarrollo comunitario con la participación plena de las mujeres y respetando los principios democráticos para crear, juntos, nuevas formas de solidaridad.

Libros de Thich Nhat Hanh en francés

L'Art de communiquer en pleine conscience, Le Courrier du Livre, 2014.

Commencer à méditer. Conseils pour pratiquer chez soi, Pocket, 2014.

Prendre soin de l'enfant intérieur. Faire la paix avec soi, Belfond, 2014.

La Peur. Des conseils de sagesse pour traverser la tempête, Le Courrier du Livre, 2013.

Méditer en marchant, con Nguyen Anh-Huong, Marabout, 2013.

Instant présent, Instant précieux, Le Courrier du Livre, 2012.

Le Novice, Le Courrier du Livre, 2012.

Pratique de la méditation à chaque instant. Petit guide pour nos vies trop actives, Le Courrier du Livre, 2011.

Savourez. Mangez et vivez en pleine conscience, con la doctora Lilian Cheung, Guy Trédaniel, 2011.

Ce monde est tout ce que nous avons, Le Courrier du Livre, 2010.

Cérémonies du Coeur, Thich Nhat Hanh y la *sangha* del poblado de Pruniers, Sully, 2010.

L'art du pouvoir, Guy Trédaniel, 2009.

Chants du Coeur du Village des Pruniers, seleccionados o escritos por el maestro zen Thich Nhat Hanh y la *sangha* del poblado de Pruniers, Sully, 2009.

L'énergie de la prière, Le Courrier du Livre, 2009.

Le Prince Dragon. Contes et récits du Viêtnam, Le Courrier du Livre, 2009.

Le miracle de la pleine conscience, J'ai lu, 2008.

Esprit d'amour, esprit de paix, JC Lattès, 2006.

La paix en soi, la paix en marche, Albin Michel, 2006.

Maître Tang Hôi. Premier maître de méditation au Viêtnam et en Chine, Sully, 2006.

Paroles de sagesse, Éditions Véga, 2006.

Pour une métamorphose de l'esprit. Cinquante stances sur la nature de la conscience, La Table Ronde, 2006.

Il n'y a ni mort ni peur. Une sagesse réconfortante pour la vie, La Table Ronde, 2003.

Love in action. L'amour au service des autres, Dangles, 2005.

Soyez libres là où vous êtes, Dangles, 2003.

La Colère. Transformer son énergie en sagesse, JC Lattès, 2002.

Bouddha et Jésus sont des frères, Pocket, 2001.

Toucher la vie, Dangles, 2001.

Entrer dans la liberté, Dangles, 2000.

Changer l'avenir. Pour une vie harmonieuse, Albin Michel, 2000.

Feuilles odorantes de palmier. Journal 1962-1966, La Table Ronde, 2000.

L'esprit d'amour. La pratique du regard profond dans la tradition bouddhiste mahâyâna, Pocket, 2000.

Le coeur des enseignements de Bouddha, La Table Ronde, 2000.

Clés pour le zen. Un guide pour la pratique du zen, JC Lattès, 1999.

Enseignements sur l'amour, Albin Michel, 1999.

La plénitude de l'instant. Vivre en pleine conscience, Marabout, 1999.

Transformation et guérison, Albin Michel, 1999.

Bouddha vivant, Christ vivant. Les enseignements, les pratiques spirituelles et les correspondances entre les deux traditions, Marabout, 1998.

Un lotus s'épanouit. Manuel de méditation guidée pour la joie, la guérison et la transformation, Dzambala, 1998.

Une flèche, deux illusions, Dzambala, 1998.

Sur les traces de Siddharta. Découvrir les enseignements du Bouddha en cheminant à ses côtés, Pocket, 1998.

L'Enfant de pierre et autres contes bouddhistes, Albin Michel, 1997.

L'esprit d'amour, JC Lattès, 1997.

Le silence foudroyant. Soutra de la Maîtrise du serpent suivi du Soutra du Diamant, Albin Michel, 1997.

Vivre en pleine conscience. Paix et joie dans les tribulations de la vie, Terre du Ciel, 1997.

Le miracle de la pleine conscience. Manuel pratique de méditation, L'Espace Bleu, 1996.

La respiration essentielle. Notre rendez-vous avec la vie, Albin Michel, 1996.

Sur les traces de Siddharta, JC Lattès, 1996.

La vision profonde. De la pleine conscience à la contemplation intérieure, Albin Michel, 1995.

La plénitude de l'instant, Dangles, 1993.

La sérénité de l'instant. Paix et joie à chaque pas, Dangles, 1992.

La paix, un art, une pratique. Une approche bouddhiste, Centurion, 1991.

Traducciones al español

Enseñanzas sobre el amor
Camino viejo, nubes blancas, tras las huellas del buda
El sol, mi corazón
Momento presente, momento maravilloso
Sintiendo la paz
Puerta a la compasión
Transformación y sanación
Versos para vivir con atención
Las claves del zen
Buda viviente, Cristo viviente
Nuestro verdadero hogar
El milagro de mindfulness
La paz está en cada paso
Aplacar el miedo
La ira. El dominio del fuego interior
El corazón del cosmos (comentario sobre el Sutra del Loto)
El corazón de las enseñanzas de Buda

Hacia la paz interior.
A la sombra del manzano rosal
Buenos ciudadanos
El camino de la conciencia en el día a día
Cita con la vida: el arte de vivir en el presente
Cómo lograr el milagro de vivir despierto
Construir la paz
El arte del poder: el secreto de la felicidad y la vida plena
El florecer del loto
El largo camino que lleva a la alegría. La práctica de la meditación andando
El niño de piedra y otras historias vietnamitas
El poder de la plegaria
El verdadero amor: prácticas para renovar el corazón
Enseñanzas sobre el amor: una guía para alcanzar la plenitud en las relaciones humanas
Eres un regalo para el mundo
Estás aquí. Descubriendo la magia del momento presente
Fidelidad: cómo crear una relación amorosa duradera
Hacia la paz interior
La esencia del amor. El poder transformador de los sentimientos
La mente y el cuerpo de Buda
La muerte es una ilusión
La paz está en cada paso
La paz está en tu interior. Prácticas diarias de mindfulness
Las enseñanzas de Buda. Los tres sutras fundamentales
Llamadme por mis verdaderos nombres
Lograr el milagro de estar atento. Un manual de meditación
Nada que hacer, ningún lugar adonde ir. Despierta a tu verdadero yo
Nuestro verdadero hogar: el camino hacia la Tierra Pura
Recibe un fuerte abrazo
Saborear. Mindfulness para comer y vivir bien
Sea libre donde esté
Ser paz y El corazón de la comprensión (comentarios al Sutra del Corazón)
Sintiendo la paz. El arte de vivir conscientemente
Transformación y sanación: el Sutra de los cuatro fundamentos de la conciencia

Un guijarro en el bolsillo
Una puerta a la compasión
Vivir el budismo o la práctica de la atención plena
Volviendo a casa. El camino común de Buda y Jesús
¿Es la nada algo?
Movimientos de Mindfulness (10 ejercicios para una mejor vida)

Videografía

DVD 2003/2005
Le Noble Sentier menant à la sainteté (6/05/03).
Retraite francophone : A différent de A est égal à A (7/05/03).
Retraite francophone : Questions et Réponses (10/05/03).
Retraite francophone : Partir, c'est arriver (11/05/03).
Retraite francophone : L'Art d'être heureux. Les 14 versets sur la pratique de la méditation: questions et réponses (6/05/03).
Retraite francophone : L'Art d'être heureux. Les 14 versets sur la pratique de la méditation: revenez à vous-même dans le moment présent (7/05/03).
Retraite francophone : L'Art d'être heureux. Les 14 versets sur la pratique de la méditation, 1re partie (3/05/04).
Retraite francophone : L'Art d'être heureux. Les 14 versets sur la pratique de la méditation, 2e partie (4/05/04).
Retraite francophone : L'Art d'être heureux. Les 14 versets sur la pratique de la méditation, 3e partie (5/05/04).
Retraite été : Comment sortir du conflit (30/07/04).
Voyage au Viêtnam : Ambassade de France à Hanoï. Enseignement du dharma (Thich Nhât Hanh & soeur Chân Không (20/03/05).
Retraite francophone : La Grande Réunion. Dieu, c'est le bonheur (6/05/05).
Retraite francophone : La Grande Réunion. Quatre exercices pour le regard profond (7/05/05).
Retraite francophone : La Grande Réunion. Les 8 pratiques (8/05/05).
Retraite francophone : La Grande Réunion. Gérer nos émotions fortes. Les 4 sortes de nourriture (10/05/05).
Retraite francophone : La Grande Réunion. Partir, c'est arriver (11/05/05).

Retraite francophone : La Grande Réunion. Comment aimer sans souffrir ? (12/05/05).

La pleine conscience nous apporte la paix (24/07/05).

À la recherche de l'ultime (30/10/05).

The Way of Freedom is the Way of Mindfulness (31/12/05).

DVD 2006/2008

S'offrir un coin de paradis (8/01/06).

Seule la compassion est la réponse (11/04/06).

Protégeons-nous pour une consommation saine (12/04/06).

Pour aimer, il faut vraiment être là (13/04/06).

La pratique est beaucoup plus facile avec une sangha (15/04/06).

Questions et Réponses (16/04/06).

Touchons notre nature de non-naissance et de non-mort (17/04/06).

Huit pratiques correctes pour s'engager dans la vie active (13/07/06).

Paix par la respiration consciente et la réconciliation authentique (17/07/06).

L'amour sans frontières (24/07/06).

Les 3 Sagesses et les 2 Dimensions (3/8/06).

Les 4 Illimitées. Rafraîchir et nourrir notre amour (24/09/06).

La Pleine Conscience face au réchauffement planétaire (19/10/06).

La méditation assise, une forme de nourriture (21/10/06).

Moins de colère, moins de violence. Conférence à Paris (22/10/06).

Comment transformer nos peurs. Conférence à Paris (3/12/06).

Abandonnons nos désignations conventionnelles (9/07/07).

Les fondations de la pratique bouddhiste pour le quotidien (16/07/07).

Les 4 pratiques de la diligence (23/07/07).

Les 4 aspects de l'amour véritable (2/11/07).

Le dharma, c'est un art (3/11/07).

Le Bouddha respire, moi j'en profite (6/11/07).

Questions et réponses avec Thây (7/11/07).

La concentration, de l'impermanence, du non-soi (9/07/08).

La pleine conscience reconnaît et embrasse nos émotions (16/07/08).

Pourquoi mourir à cause d'une émotion impermanente (20/07/08).

The Healing Power Right Thinking, Speek and Actions (23/07/08).

Maintenant moins maintenant, cela fait combien ? (30/07/08).

Ne pas souffrir ? Le secret est d'élargir notre coeur (2/11/08).

Retraite francophone : La révolution avec un pas (5/11/08).

Retraite francophone : La souffrance est parfois bienfaisante (6/11/08).

Retraite francophone : Questions et Réponses (7/11/08).

DVD 2009

Retraite de printemps 2009 : Toucher la spiritualité au quotidien (22/03/09).

Retraite de printemps 2009 : Le jardinage de votre esprit (5/04/09).

Retraite francophone 2009 : Être présent pour la vie (11/04/09).

Retraite francophone 2009 : Les caractéristiques de la cogitation (12/04/09).

Retraite francophone 2009 : Vision profonde de l'inter-être (14/04/09).

Retraite francophone 2009 : Questions et Réponses (15/04/09).

Retraite francophone 2009 : Reconnaître la peur originelle (16/04/09).

Retraite d'été 2009 : Les 5 EPC à la lumière des 4 nobles vérités (9/07/09).

Retraite d'été 2009 : Aller au-delà des notions (ni naissance, ni mort) (13/07/09).

Retraite d'été 2009 : La Peur originelle, le Désir originel (16/07/09).

Retraite d'été 2009 : Les 4 fondements de l'amour véritable (20/07/09).

Retraite d'été 2009 : Le Noble Sentier Octuple (23/07/09).

Retraite d'été 2009 : L'amour véritable (27/07/09).

Retraite d'été 2009 : Comment être libre dans le moment présent (3/08/09).

Sitiografía

Poblado de Pruniers (Francia): http://villagedespruniers.net

Monasterio Deer Park Monastery (Estados Unidos): http://deerparkmonastery.org

Monasterio Magnolia Grove (Estados Unidos): http://magnoliagrovemonastery.org

Monasterio Blue Cliff (Estados Unidos): http://bluecliffmonastery.org

Casa de la inspiración (Francia): http:// http://maisondelinspir.
over-blog.com/

Instituto Europeo de Budismo Comprometido (Alemania):
http://eiab.eu

Plum Village Nhập ưu (Australia): http://nhapluu.org

Instituto Asiático de Budismo Comprometido (Hong Kong):
http://pvfhk.org

Thai Plum Village Monastery (Tailandia): http://thaiplumvil-
lage.org

Parallax Press: http://www.parallax.org/

Agradecimientos

A Daniel Odier, The Fellowship of Reconciliation, Gregory Kennedy-Salemi, Iris Manca Ghérrino, Jim Forest, Minh Tri e Isabelle, Élisabeth, Nathalie, Elfie, Éric y Christian por su preciosa colaboración.